中国少数民族设计全集

The Design Collection of Chinese Ethnic Minorities

布朗族

中国少数民族设计全集编纂委员会 编

山西人民出版社　人民美术出版社

图书在版编目（CIP）数据

中国少数民族设计全集.布朗族/中国少数民族设计全集编纂委员会编；熊伟等著．—太原：山西人民出版社，2019.10
ISBN 978-7-203-11114-6

Ⅰ.①中… Ⅱ.①中… ②熊… Ⅲ.①布朗族-民族文化-研究-中国 Ⅳ.①K28

中国版本图书馆CIP数据核字（2019）第289107号

中国少数民族设计全集.布朗族

编　　者：	中国少数民族设计全集编纂委员会
著　　者：	熊　伟　等
责任编辑：	赵　玉
复　　审：	刘小玲
终　　审：	阎卫斌
装帧设计：	谢　成

出 版 者：	山西人民出版社　人民美术出版社
地　　址：	太原市建设南路21号
邮　　编：	030012
发行营销：	0351-4922220　4955996　4956039　4922127（传真）
天猫官网：	https://sxrmcbs.tmall.com　电话：0351-4922159
E — mail	sxskcb@163.com　发行部
	sxskcb@126.com　总编室
网　　址：	www.sxskcb.com
经 销 者：	山西出版传媒集团·山西人民出版社
承 印 者：	山西出版传媒集团·山西新华印业有限公司
开　　本：	889mm×1194mm　　1/16
印　　张：	14
字　　数：	170千字
印　　数：	1—1 000册
版　　次：	2019年10月　第1版
印　　次：	2019年10月　第1次印刷
书　　号：	ISBN 978-7-203-11114-6
定　　价：	210.00元

如有印装质量问题请与本社联系调换

中国少数民族设计全集编纂委员会

总 主 编（按年龄排序）
　　　　　　张夫也　王立端　戴晋明　廖 军　王 琥　李豫闽　过伟敏　顾 平
　　　　　　王 强　李 岗
执 行 主 编　王 琥
编 务 统 筹　张明山

中国少数民族设计全集编辑工作委员会

主　　　任　刘伟冬
编　　　委（排名不分先后）
　　　　　　王 琥　王 峰　王 强　王立端　王浩滢　白 波　过伟敏　许 星
　　　　　　许边疆　李 岗　李 丽　李豫闽　成光虎　肖 飞　余 强　汪传跃
　　　　　　罗 力　杨明朗　陈 述　陈见东　邱 珂　胡万明　顾 平　郑 静
　　　　　　郭立忠　姬 莹　张夫也　张泽国　张明山　张秋平　张耀引　梁盛平
　　　　　　樊 进　谢 玮　熊 伟　熊 微　熊建新　蔡克中　葛 芳　鞠 斐
　　　　　　魏 洁　廖 军　戴晋明

中国少数民族设计全集出版工作委员会

主　　　任　胡彦威　周 伟
执 行 主 任　姚 军　欧京海
编 务 统 筹　阎卫斌　周小龙
编　　　辑（排名不分先后）
　　　　　　王新斐　史美珍　冯 昭　冯灵芝　吉 昊　吕绘元　刘小玲　任秀芳
　　　　　　孙 琳　孙宇欣　李广洁　李建业　李 靖　员荣亮　张小芳　张志杰
　　　　　　张书剑　何赵云　陈俞江　吴春华　武 静　周小龙　柳承旭　郝文霞
　　　　　　赵 玉　赵晓丽　席 青　秦继华　高 雷　郭向南　阎卫斌　崔人杰
　　　　　　傅晓红　蔡咏卉　翟丽娟　樊 中　薛正存　魏 红　魏美荣
整 体 设 计　谢 成

中国少数民族设计全集·布朗族

本册著者 熊 伟 樊世东 马 强 邹 茜
　　　　　王 楚 岩 勐（布朗族） 张 颜
参与撰写 凌海龙 夏鹏飞 庞思琪 岩三苏（布朗族）
　　　　　陈浩然 相 丽 郭 旭

求同存异　和合共荣

刘伟冬

中华民族，是一个由56个民族组成的大家庭。在漫长的文明发展史中，汉族和各少数民族都为中华文明的繁荣发展贡献了自己的聪明才智。纵观中华文明史，其实就是一部各族群之间"求同存异，和合共荣"的文化演进史。

从根子上讲，4000年前的"中国"，仅指北方中原地区，居住在这里的相传是上古时期黄帝部落和炎帝部落的后裔，故而自称"炎黄子孙"。其时的"中国"，不过是黄河中下游（西起陇山，东至泰山）区域。在千年发展与民族融合之后，尤其是晋末"衣冠南渡"，南迁的中原汉族与南方百越民族彻底融合，来自北方的鲜卑等民族融入汉族，使汉族前所未有地壮大发展，逐渐形成后来疆域辽阔、人口众多、物产繁盛、文化昌明的中华民族的主体族群。特别值得强调的是，自从作为一个民族整体之后，中华民族就从未中断过自己的民族发展史——这在世界历史上是硕果仅存、独一无二的。

中华民族具备兼容并蓄、虚心好学的民族天性。仅以设计学范畴的事例讲：在数千年文明发展历史中，中华民族在不断向外输出优秀的文明成果（如烧造之陶瓷砖瓦、营造之榫卯斗拱、织造之丝绸刺绣、锻造之"失蜡"分模等），影响全人类的日

常生活与生产方式的同时，也不断地吸纳域外各民族的优秀文明成果，如汉魏之印度佛教和西域音乐、隋唐之西亚服饰和家具、宋元之东洋印染和漆艺、明清之西洋机器与建筑……在中华民族内部，这样的文化交流更是从未停止过，而且是风生水起、枝繁叶茂，愈发流畅、深入，中华民族各族群之间"求同存异，和合共荣"的文化大演进，共同创造了中华民族极为灿烂辉煌的造物文明历史。仍以设计学范畴为例：原本是匈奴人发明的单足绳圈，被晋代的汉族人设计成铁质双镫；最早是鲜卑人原创的毡毯卷边，被晋代的汉族人改造成"高桥马鞍"，这宗中国式马具设计案例，被誉为"13世纪中国传入欧洲的最重要文化成果"（李约瑟语）。再如，西域（今新疆地区）是全世界最早的皮靴生产地，哈尼族为主的红河地区出现了全世界最早的梯田。再如，全世界最早的"干栏式建筑"和全世界最早的稻米人工育种、栽培，均起源于长江中下游的百越地区；全世界最早的竹藤编结器物起源于闽越地区……由中华民族共同创造、发明，后来又影响了全人类文明进程的优秀造物设计案例很多，不胜枚举。几千年中华民族的文明史，就是各种文化多元融合、共同发展的最好例证。不了解中华民族内部各族群的文明交流史，就无法真正理解中国文化史，也不能理解为什么中华民族总是能在逆境中成长强大。甚至可以说，能否完整地理解中华民族的文化史，是检验每一个当代中国知识分子（特别是文史哲专业的学者）文化立场的"试金石"。

随着改革开放的逐渐深入，各民族地区的经济与社会状态已发生了天翻地覆的变化。令人遗憾和担心的是，由于各地区政策执行力度不平衡，保护措施不得力，少数民族的文化特性正在逐步衰退，有些地区的少数民族文化特征甚至已经消失殆尽，仅仅存在于徒具形式，充满口号、标语的民族文化村旅游景点中。有学者预言，再不加快整理抢救工作，中国的少数民族可能在物质形态和文化内涵的特征上，若干年后将不复存在。

从少数民族地区反映古代中国社会某些面貌的文化遗存看，这些少数民族之所以一直与汉族地区差距巨大，存在多方面的原因，其中历代汉族统治者对少数民族的歧视政策是主要原因。此外这些地区本身就处于偏僻荒地，不是沙漠就是山区，自然条件远不及汉族聚集地区，社会发展水平滞后。20世纪50年代，有相当比例的少数民族在当时仍处于原始农耕社会或奴隶制社会，不要说通电、通水、通汽车，不少人一辈子连铁器长什么样都没见过。部分少数民族聚集地的各种自然条件也较差，缺肥少水，基本生活来源，一靠老天爷恩赐的"望天收"农作物；二靠家庭手工作坊制作些竹藤编结物和土织、土陶等土特产来换取粮食；三靠养猪、兔、羊和鸡、鸭、鹅等家禽来换取日用品，如灯油、农具、衣物和油盐酱醋等；四靠为土司、头人和大户们出卖劳力（社会底层奴隶身份），年老即被抛弃。中华人民共和国成立后，党和政府在这些地区实行社会主义改造，打倒以土司、巫师和头人为首的剥削阶级，将土地和生产资料一律收归集体所有，解放了全体少数民族民众，使他们历史上第一次有了自由劳作和生活的权利。

中华人民共和国成立之初，党和政府就高度关注民族事务问题，为如何保护、关心各少数民族制定了一系列方针、政策，也为当代中国社会处理民族问题、保护民族文化树立了光辉典范。中央人民政府政务院于20世纪50年代初发布了《关于民族事务的几项决定》，为新中国民族政策奠定了最初的思想基础，其主要内容是：一、各大行政区军政委员会（人民政府）须指导各有关

求同存异 和合共荣

省、市、行署人民政府认真推行民族区域自治及民族民主联合政府的政策和制度，并随时向政务院报告推行经验，请示者须事前向政务院请示。二、各大行政区军政委员会（人民政府）须指导各有关省、市、行署人民政府认真并有计划地实行政务院在1950年颁发的《培养少数民族干部试行方案》，并将该项工作进行情况定期加以检查，每半年向政务院报告一次。中央民族学院及西北、西南、中南各军政委员会和新疆省人民政府的民族学院，必须依计划实行，并向政务院报告。三、政务院于1951年下半年适当时间将同时召开有关少数民族的卫生、教育及贸易三个专业会议，责成政务院文教委员会、中财委指导中央卫生部、教育部、贸易部开始筹备，并责成中央民族事务委员会协助进行。有关部门如农业部、文化部也须派人参加。四、责成中央人民政府各委、部、会、院、署、行注意建立有关民族事务的业务。五、在政务院文教委员会内设民族语言文字研究指导委员会，指导和组织少数民族语言文字的研究工作，帮助尚无文字的民族创立文字，帮助文字不完备的民族逐渐充实其文字。六、扩大中央民族事务委员会委员名额，责成中央民族事务委员会提出补充名单的建议，并于1951年下半年召开中央民族事务委员会扩大会议，检查与总结关于推行民族区域自治及民族民主联合政府的经验。

20世纪50年代，中央人民政府和政务院，曾多次组织"中央慰问团""土改工作队"和"普查工作队"等，花费大量人力和物力，深入各少数民族地区，进行了大量较为翔实的社会历史调查。50年代这轮由政府统筹、由中央民委组织行政领导和人类学、社会学专家学者以及民族同志组成工作队与考察队的少数民族大考察活动，1953年正式启动，1956年结束（个别地区延期至1958年才结束）。直接成果之一，就是为1956年国务院公布的55

个少数民族的正式定名和划分，提供了可靠的依据。

从当时考察的资料看，各少数民族的社会发展水平参差不齐，不少民族呈现类似汉族曾经历过的各种历史发展状况，为我们今天考察、了解并研究过去的历史以及各学术分支问题，提供了绝好的活体范本。比如以"设计发生学"研究为例，以山寨（村落）为主的初级社会组织形态，原始手工业在农耕环境中的地位，原始造物的手工技艺与设备、工具等，都是我们极感兴趣的研究对象。

在西北、西南和东北各少数民族聚集地区，有些古时流传下来的本民族手工造物技术，迄今仍保存良好。其吸收了汉族和其他兄弟民族的技术长处之后演变出来的各时段手工造物技术，则印证了各民族互相融合、取长补短的史实。更有些原始手工艺，特别具有艺术和历史研究价值。以维吾尔族人为例，本世纪初，笔者在新疆喀什城艾格孜艾日克老街看到几样手工艺绝活：其一是整条街的维吾尔族乐器店，除了热瓦普、曼陀林和冬不拉等少数维吾尔族知名乐器外，全是些笔者叫不上名来却似曾相识的弹拨乐器和拉弦乐器，于是从心里认可了"西域古乐成就了中国传统民乐"这句话所言不谬。其二是亲眼所见一个拖着鼻涕的不到10岁的维吾尔族小男孩，拿着电砂轮在铜壶上信手飞快地刻着精美细腻的图案，一不要底稿，二没有图纸，真是佩服得五体投地，也相信了"汉族人长于热铸，西域人长于冷锻"这个说法。其三是在喀什近郊著名的大巴扎"金器一条街"上看见近百家金店生意红火，家家门前毡毯上都围坐着一群金店伙计和顾客，正在热烈讨论、共同设计着花样繁多的未来金饰嫁妆，感受到了"中国传统样式的金银首饰工艺，最富有创意的设计和最先进的工艺制作，原来在维吾尔族人手里"这句大实话。还有，笔者

求同存异　和合共荣

在云南景洪县城集市上，曾亲眼见过景颇族老乡用古老的"焖烧法"烧出的红彤彤的土陶——跟笔者一知半解的仰韶彩陶的烧制工艺几乎一模一样。还有，笔者在大西北甘陕宁各省亲眼所见的回族、保安族、裕固族和东乡族老乡巧手做出的那些花样繁多、样式复杂的面塑造型，真是个个精妙绝伦。这方面的事例实在太多了。

50年代的少数民族地区社会大普查，以及半个多世纪以来社会各界对其丰富而珍贵的考察、研究，意义深远，价值极为重大。这些地区客观上保存的较为完整的、与数千年前中国原始社会最初形态近似的许多社会特征，为我们研究社会的最初形态形成和当时的经济、文化、政治的基本状况以及"设计发生学"的相关课题，提供了珍贵的类型学"活化石"范本，价值非凡。改革开放以来，这些少数民族地区也获得了前所未有的巨大发展，人民生活日新月异；但与此同时，少数民族地区的民族性在不可避免地愈发衰减、退化，甚至消失。如果我们再不采取保护措施，若干年后，各少数民族的许多宝贵民族文化遗产将无法挽救地彻底消亡，这部分同属于全人类精神财富和中华民族集体智慧的宝藏，我们将再也看不到了。

在"设计发生学"问题上，我们一向秉持文化多元论的观点，认为人类文明是全世界人民共同创造的，各国家、地区、民族均做出过大小不一、形态各异的贡献；同理，中华民族的灿烂文明是中国的各族人民共同创造的，每个民族都对中华传统文化做出过贡献，也都应当得到尊敬和肯定。中国的各少数民族在中华文明漫长的演化过程中，都曾经以自己独特而充满智慧的文明成果，补充、完善甚至改良着中华文明。比如，古代西域的龟兹古国各民族创造或引自西亚的弹拨乐器和拉弦乐器以及音律、曲式，彻底改造了中国古代音乐，新创作出代表中国古乐精髓的江南丝竹；南疆的维吾尔族和北疆的哈萨克、塔塔尔、塔吉克等族首创了制革术，并引进古波斯革皮书籍装帧术和制靴术、制毡术、毛衣编结术；海南岛的黎族率先种植棉花并纺织棉布，传入内地后棉织业逐渐形成中国古代手工行业的"天下第一营生"……保护少数民族的民族文化特性，就是保护我们的历史遗产，就是传承我们的文明。我们应进一步发扬文化兼容的优良传统，把振兴中华的百年民族复兴梦，逐步落实为将大中华建设成为中国各民族共同拥有的美好家园。

由上千名来自全国各高等艺术院校的教授、研究生组成的55支团队参与编撰的《中国少数民族设计全集》（55卷），正是有识之士基于对各少数民族的民族文化特性正在快速衰减、消亡的严重现实问题的深切忧虑而进行的抢救、发掘、整理中国少数民族文化遗产的重要文化工程。经过两年精心筹划，六年努力写作，在国家出版基金管理部门的支持下，在山西人民出版社和人民美术出版社的策划和组织下，目前《中国少数民族设计全集》的书稿编撰工作已基本完成，即将付梓。在长达八年的漫长过程中，全国兄弟院校各团队涌现出的各种可歌可泣的事迹经常感动着笔者，并不时鞭策着全体作者克服千难万险，一路向前。有的分卷作者身患绝症仍不眠不休地忘我工作，有的分卷作者遭遇各种意外仍坚持工作。特别是，很多民族同志公而忘私、不计较个人得失，有人不惜将自己赚钱的企业关张歇业，全身心地投入各自所负责分卷的繁重编撰工作中；有人义无反顾地将自己珍藏多年的本民族实物、资料和研究成果无偿提供给相关分卷作者。大家万众一心，克服各种复杂得难以想象的困难，以确保这部凝聚了众人八年心血的巨著，能按计划如期完成。借此机会，笔者谨

求同存异　和合共荣

代表本丛书编委会全体成员，向领导、编辑和作者们表示衷心的感谢！

　　作为一项文化创举，笔者深信《中国少数民族设计全集》必将在未来岁月的长期检验中，愈发显现其非凡的、独特的文化价值。

2017年夏季于南京

前言

　　一个族群的形成，是人类在特定区域内的生活过程中，经过经验的不断总结和升华，逐步形成其特有地域性的生活模式和族群文明、文化的衍生。族群形成的起始主要围绕着"衣、食、住、行"四个人类生存的基础要素开展。它的基础型生存方式均是秉承着"因地制宜、因材施用"的原则，目的在于寻找出一种最适宜人居的生存模式，并依循着时代文明和地域文化的不断变迁而进行延传革新。

　　布朗族为中国56个民族中的一分子，主要分布于云南省西双版纳傣族自治州的勐海、景洪和临沧地区的双江、永德、云县、耿马及普洱市的澜沧、墨江等县。据2000年第五次全国人口普查统计，总人口数约为91882人。民族中使用布朗语，属南亚语系孟高棉语族佤德昂语支，分布朗与阿尔佤两个方言。部分人会讲傣语、佤语或汉语，无成型文字，通过口口相传的形式进行生存技艺和民族文明的传延，逐步形成极为丰富的口头文化。

　　布朗族所特有的民族文化形成的基础植根于最本真的生活、生产模式，文化的延伸及提升在于生活方式的不断改进及优化。由此也体现了民族文明的根本落足于本土化、现实化的思维模式，注重脚踏实地的体味，重在于亲临深受的积累，不浮夸地反映出民族存在的本源，一切来得是那么的朴实、自然。

　　布朗族人的生活是最本真的生活，但族群的生活方式则是历经多年的不断中和而形成了完备的族群内部管理体系，以维系整个族群稳固团结与发展壮大。最为表象地体现在乡族公约、民族风俗、

宗教信仰及禁忌等方面。乡族公约、民族风俗、宗教信仰及禁忌订立出相应的规矩、条文，以规范族人有教化的品行，并不断加以教化和影响。族人的行为准则以族约、风俗、信仰等体系化的模式维系，从而确保族群中每一位族人的身心健康的传递，达到整个族群的繁衍壮大。从心出发、以行制约，本着"人之初、性本善"的原则去纯洁民族的道德意识，不断地调和合理的平衡点强化民族文明。

布朗族的独具民族色彩的真善美，渗透到族人生活、生产的点滴之间，既融入于每个族人的思想及意识之中，又灌注于族群的关系网络之内，讲求着"人之本我、族之共我"的和谐，将个体与集体的利益融合为一体，分和并济。最终，体现了布朗族最本质的生存及生产体系，传递出最具布朗族特色的风范。

本卷为布朗族卷，共收录及解析了70个案例，案例中涵盖了布朗族生活、生产、信仰、风俗等多个方面的内容。本卷案例的收录及解析肯定存在着许多不妥之处，难免出现以偏概全的现象，真诚地希望广大读者批评指正。

本卷主要围绕着"衣、食、住、用"四大部分展开，第一部分为传统建筑，选取了传统民居和佛寺的典型案例，将人的基础性居住需求与内心之神的精神性建筑需求相结合，体现出布朗族人"身、心"的"家"观念。第二部分以蔽体的服饰为主体，诠释出布朗族人的服饰功用由"遮羞"升华为"修饰"的演变。布朗族服饰尚黑的习惯源于蔽体的功能性，既有掩护自身免受自然生物伤害的作用，又有随着意识更新达到遮羞的效果。服饰的整体设计源自劳作功用的思考，同时又渗透出对于自然美学的思量，加入了大量自然界的纯色彩。同时，还将具有辟邪功用的银饰品融入其中，更增添了几分神秘的族群信仰。第三部分甄选了具有布朗族特色的传

统餐饮作为案例，此类案例体现了布朗族人"就地取材"的选材观念，注重食材的原味；"生食、烤、煮"等直白的烹饪形式，最大限度地留存了食材的鲜味，并且简化了烹饪形式；以茶为源的饮食观念体现了"药食同源"的朴素理解；"族群聚餐"的饮食风俗体现了"热情好客"的群居观念。第四部分则以布朗族人所用的器物为主线，解析了涉及生产、生活、信仰、娱乐等多方面的器物案例，集结史料性、学术性和艺术性等三方面的解析层面，采取深入浅出、图文并茂的形式，将博大精深的布朗族器物本身及其文化、文明展示出来。

卷中的照片大多由布朗族人岩勐、岩三苏两位先生提供，能够充分展现出布朗人看布朗族群器物及文化的直观感受，编者只是作为一个"还原者"，将布朗族"人与物、人与族"的情怀进行直白传递，保留布朗族"本真""本源"的民族气息及氛围。

目录

第一章　布朗族传统建筑
　　布朗族民居　002
　　布朗族草排　006
　　布朗族火塘　008
　　布朗族章朗佛寺　010

第二章　布朗族传统服饰
　　布朗族白色斜襟短开衫搭配黑红横花条纹裙　014
　　布朗族大襟交领上衣搭配黑色织锦筒裙　017
　　布朗族黑色立领长袖右衽大襟式上衣搭配绣花小围裙　020
　　布朗族黑色圆领右衽窄袖短衣搭配及膝黑布裤　023
　　布朗族蓝布高领大襟上衣搭配红布筒裙　026
　　布朗族紧身衣筒裙绣花腰带女服　029
　　布朗族蓝布女式大褂　032
　　布朗族礼仪服饰　035
　　布朗族儿童服饰　039
　　布朗族绣花绒球翘尖女靴　042
　　布朗族竹屐　045
　　布朗族瓦房帽　048
　　布朗族头饰　051
　　布朗族耳环　054
　　布朗族耳饰　056
　　布朗族胸饰　058
　　布朗族妇女臂饰　062
　　布朗族缠丝银手镯　065
　　布朗族银手镯　068

第三章　布朗族传统餐饮

布朗族包烧鲜鱼　072

布朗式酸菜　075

布朗族槟榔盒　078

布朗族蝉酱　081

布朗族舂茄子　083

布朗族翡翠酒　086

布朗族骨头糁　088

布朗族酒坛　090

布朗族烤肉　092

布朗族卵石鲜鱼汤　094

布朗族木勺　097

布朗族木盛器　100

布朗族牛肉剁生　102

布朗族酸茶　105

布朗族油炸花蜘蛛　108

布朗族芝麻鸡　110

布朗族竹筒茶　112

布朗族杀猪菜　115

布朗族长席宴　117

第四章　布朗族传统生活用具

布朗族柴刀篮　122

布朗族牛肚被　125

布朗族挑桶　128

布朗族竹篮　130

布朗族竹篓　134

　　布朗族竹箩筐　136
　　布朗族竹盛器　139
　　布朗族竹筒　141
　　布朗族印纹陶罐　143
　　布朗族蜂桶鼓　146
　　布朗族三弦　149
　　布朗族象腿鼓　152
　　布朗族竹响器　155

第五章　布朗族传统生产工具
　　布朗族舂碓　160
　　布朗族碾米舂　163
　　布朗族竹舂斗　166
　　布朗族腰机　169
　　布朗族纺轮　172
　　布朗族竹捕器　175
　　布朗族弩　178

第六章　布朗族传统民俗和宗教造像
　　布朗族刀术　182
　　布朗族蜂桶鼓舞　184
　　布朗族花之舞　186
　　布朗族升和尚　190
　　布朗族寺庙铃铛　193
　　布朗族祈祷仪式　196
　　布朗族祭神树　199
　　布朗族贝叶经　202

第一章 布朗族传统建筑

布朗族民居

图一　布朗族民居主图

中国布朗族，大部分聚居于云南省西双版纳傣族自治州勐海县境内，其余散居于临沧地区、普洱市和保山市境内，不同的地方、不同的民族对其有着不同的称谓。

布朗族的居住形式因地制宜，主要分地居式和竹楼两种。因居住地大多处在亚热带山区，雨量充沛，湿度较大，加之受傣族影响较深，所以，布朗族民间住房多为干栏式建筑，即高脚屋。房屋为竹木结构，屋顶覆以草排。建筑分为上下两层，楼上住人；楼下圈养牲畜，置放碓臼。下层的地板，是使用剖开的龙竹，挤压成宽竹板状，铺垫而成；上层的卧室及待客之所，则地铺篾席，进屋须脱鞋。室内的中央位置设有火塘，供做饭、取暖、照明之用。室内所有家具，几乎都用竹子制成。一般竹楼可住20年，每隔两年就要用茅草翻盖屋顶。

布朗族民居的整体设计秉承功能至上的原则，就地取材获取建筑材料。因族人对于牲畜类的原始崇拜及特别保护，多采取人畜共居的形式。结合当地的气候、地形特征，巧妙设计出干栏式的建筑结构，既可有效避免极端地域环境导致的身体不适，又可将人居功能空间分隔得十分明确，体现出以功能引申出建筑形态的原始设计风格。

图片来源
图一至图三、图七　岩勐　摄影
图四至图六　夏鹏飞　制图

图二　布朗族民居建筑周边环境图

图三　布朗族民居建筑集群图

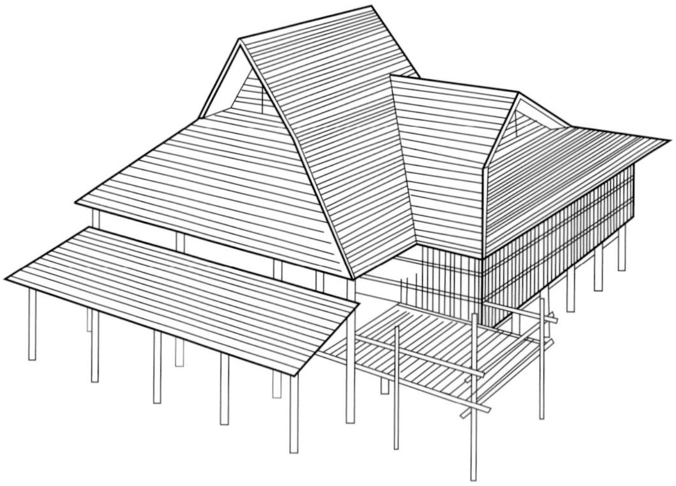

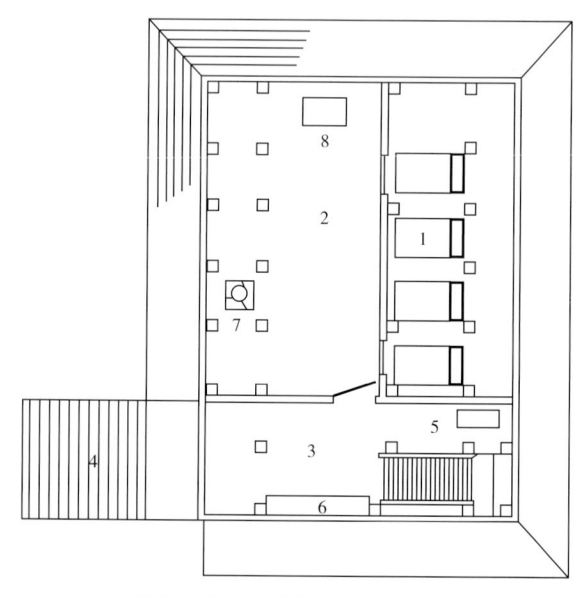

图四 布朗族民居线描图

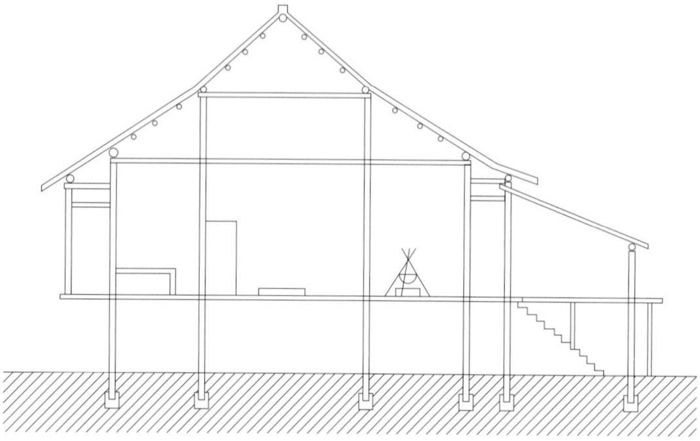

图五 布朗族民居剖面图

1.卧室；2.堂屋；3.前廊；4.晒台；5.储藏；
6.座椅；7.火塘；8.户主座席

图六 布朗族民居功能空间分布图

图七　布朗族竹楼结构框架

布朗族草排

图一　布朗族草排主图

草排为布朗族干栏式民居的屋顶遮蔽物，主要用于遮挡阳光、避免风雨等恶劣天气对于建筑的影响。由于草排主要以当地的茅草为主材，因此使用周期较短，损坏系数较大，需要定期进行更换。

此案例以竹、稻草为主要原材料。制作方式大致如下：寻粗细适宜的、具有一定硬度的、满足草排相互叠压的密实度要求的毛竹，将其一剖为二，作为主要的支撑构件，用于编制草排的轴线。稻草则以对折的形式，采用左右交错压叠的方式，绕搭于竹轴之上。再用麻绳等绳索，以挑一压一的方式进行捆扎，置于竹轴下方，以强化草排的牢固度。草排置于屋顶是采用层层梯次压叠的形式，最终将整个屋顶封闭，保证建筑顶部的整体密闭性。

草排的设计极为简单实用，选材均为当地唾手可得的材料。整个加工工艺利用了竹材的硬度与弹性、稻草的柔韧性，而草叶光滑的表面则利于雨雪的疏导并具有良好的封闭性。草排的应用沿袭了原始居室中，利用树叶枝杈作为顶部围挡的做法，体现了布朗族人对于原始建筑材料进行优化升级，在保证功能性目的的同时，更加注重环保、便捷的设计新思路。

图片来源

图一、图四　岩勐　摄影
图二、图三　邹茜　制图

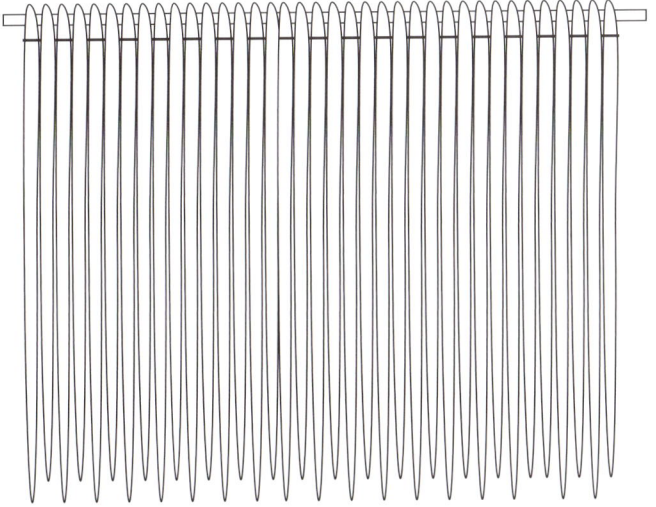
图二 布朗族草排线描图

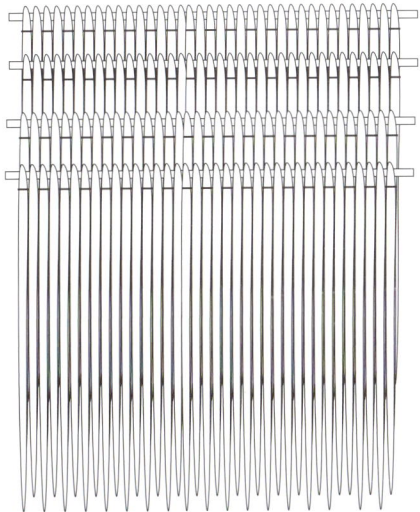
图三 布朗族草排堆叠示意图

图四 布朗族草排编制图

第一章 布朗族传统建筑

007

布朗族火塘

图一　布朗族火塘主图

　　火塘作为原始灶台类器物，对布朗族人的生活有着至关重要的作用，它既是烹煮食物的灶台，又有一定的礼仪功用。古时的火塘，常用三块石头呈三角形定位放置，后来改为铁制三脚架。火塘常设于布朗族民居的厅堂之中，属于主堂的核心位置。布朗族人每年都要进行火塘祭祀，祈求家人安泰。

　　本案例通体为铁制，上部由圆形铁圈支撑，可置锅、壶、瓮等各类烹煮器物。其圆形承托结构设计之巧妙，在于可置各类直径大小不一的烹煮器物于其上，虽嵌入深度有所差异，但并不影响受热之均匀。火塘的支架，由三根等长等形的铁制架腿构成，采用三点定位的形式排列，具有较好的稳定性。同时，纤细的腿部支架，形成了极为开敞的空间，不仅便于多角度添加燃料，同时还可直接烘焙食物。

　　火塘的设计体现了极简主义的设计风格，简易的圆形承托架，巧妙地与各类烹煮器物配搭使用，体现了一种普适性的实用效果。三角定位的腿足简化了支撑结构，充分考虑了布朗族人多以木材为燃料的使用要求。布朗族人对于火塘，有着独特的崇敬情怀，布朗族人自始至终保持着原始族群对于火的崇拜敬意，这种原始的文化传承超乎一切表象的器形，其本真的诉求是现代社会最难能可贵的创作源泉。

图片来源
图一　岩勐　摄影
图二至图五　凌海龙　制图

图二 布朗族火塘剖面示意图

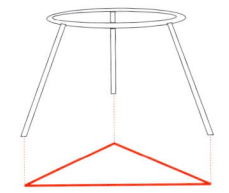

图三 布朗族火塘结构示意图

图四 布朗族火塘普适性实用示意图

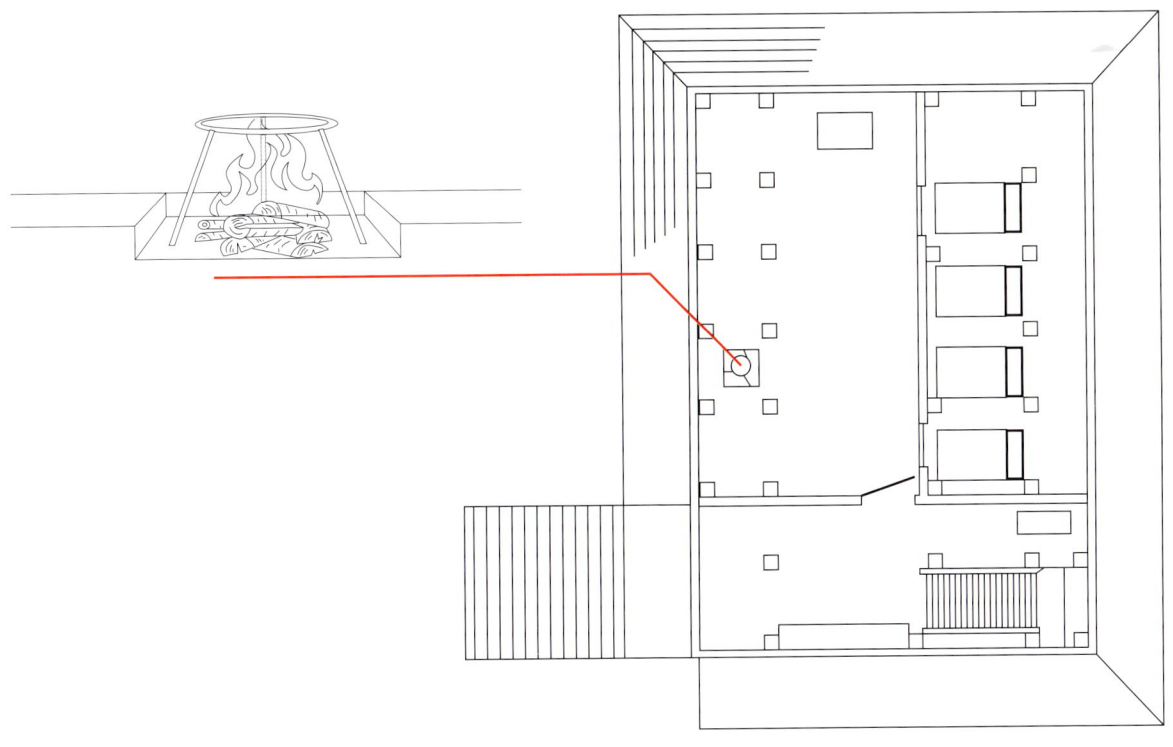

图五 布朗族火塘于建筑内布局示意图

第一章 布朗族传统建筑

009

布朗族章朗佛寺

图一　布朗族章朗佛寺主图

　　章朗佛寺是布朗族重要的礼佛场所，也是布朗族人平时常去的地方。

　　章朗佛寺的建筑具有独特的布朗族建筑艺术风格。据章朗佛寺珍藏的贝叶经记载，这座佛寺已经有1300多年的历史。至今仍保存着较为完整的布朗族文化历史遗迹。佛寺由大殿、僧舍、鼓房、戒堂和藏经阁等组成。大殿地基呈长方形，是整个佛寺建筑的主要部分，屋顶呈重檐歇山式。内有佛像，坐北朝南。大殿柱梁上涂满金黄色的几何图案，房梁四周挂满了经幡。大殿外墙上装饰有各种图案。

　　"章朗"来自傣语，"章"为"大象"，"朗"为"冻僵"，直译即"大象冻僵的地方"。在章朗，时间常常是静止的。布朗族人们在单调的日升日落里，重复不变的生活节奏，与山河、茂林、云海相伴，满足且自在着。布朗族信奉万物有灵，认为凡大自然存在的一切现象皆有灵魂而加以崇拜。同时，他们崇拜鬼神，把生老病死、自然灾害以及不可知现象均看作是鬼灵在作祟。

图片来源

图一、图三至图七　岩勐　摄影
图二　夏鹏飞　制图

图二　布朗族章朗佛寺佛塔线描图

图三　布朗族章朗佛寺局部图

图四　布朗族章朗佛寺吉祥装饰图（1）

图六　布朗族章朗佛寺吉祥装饰图（3）

图五　布朗族章朗佛寺吉祥装饰图（2）

图七　布朗族章朗佛寺吉祥装饰图（4）

第二章 布朗族传统服饰

布朗族白色斜襟短开衫搭配黑红横花条纹裙

图一　布朗族白色斜襟短开衫搭配黑红横花条纹裙主图

本案例之服饰为布朗族女子节日庆典着装，出现于西双版纳打洛地区。每当重要节日来临，布朗族的年轻女子便以黑布包头，头插各色鲜花及银质头饰，耳缀银塞，塞缀彩色毛线并下垂至肩。其上衣为短及上腹部的左右两衽斜襟无领窄袖开衫；短衫两侧衣角处各置有一条飘带，作拴线打结、系紧开衫用。上衣选用白色，下着两条筒裙，内层筒裙选用白或黑色，外层筒裙自小腿部以上选用红、黑或其他颜色相间的横条花纹，小腿部选用整块黑布，并于裙边镶有彩色线纹，脚穿彩袜及黑色布鞋。

此案例之设计拥有新颖的风格及协调的整体搭配。其上衣设计以细节取胜，紧腰宽摆的斜襟短开衫，将衣角飘带系于腰侧，可见其裁剪之独特；彩色线条等艺术元素的植入，给人以细节上的视觉美感；衣襟上的花边设置，更是避免了纯白的单调。筒裙在设计上，采用了红、黑经典色系的搭配，令其成为人们视觉的焦点。整款服饰通过色彩上的对比，使色彩之间形成了相互制约的关系，成就了整体的连贯性，如筒裙上半部的彩色条纹，与下半部的单色块（黑色）形成鲜明对比，彰显出别具一格的设计效果；又如白红、红黑等冷暖色调的搭配对比，给人以纯真个性、和谐品质的优美感受。值得一提的是，此款布朗族女服总体使用不超过三种颜色，达成色彩丰富，却不显繁乱的效果，设计用心可见一斑。

本案例的服饰设计，充分体现出布朗族人"源于自然"的传统设计理念，使服饰功能回归本真，并逐步衍生出众多具有当地特色的设计元素。近乎原色的黑、白、红三大主色调，形成了大胆的穿插配搭，体现出布朗族的朴素之美。各种颜色的区域划分，更是反映出了布朗族人对于色彩张力的深度认知及熟练运用。由此可以看出，布朗族的服饰设计特色，并非源自某种刻意的剪裁，而是将长久的民族文化沉淀，与实用性考量相结合而催生出的，具有鲜明的布朗族特色。

图片来源

图一　常沙娜.中国织绣服饰全集·少数民族服饰卷.天津：天津人民美术出版社，2012

图二至图六　邹茜　制图

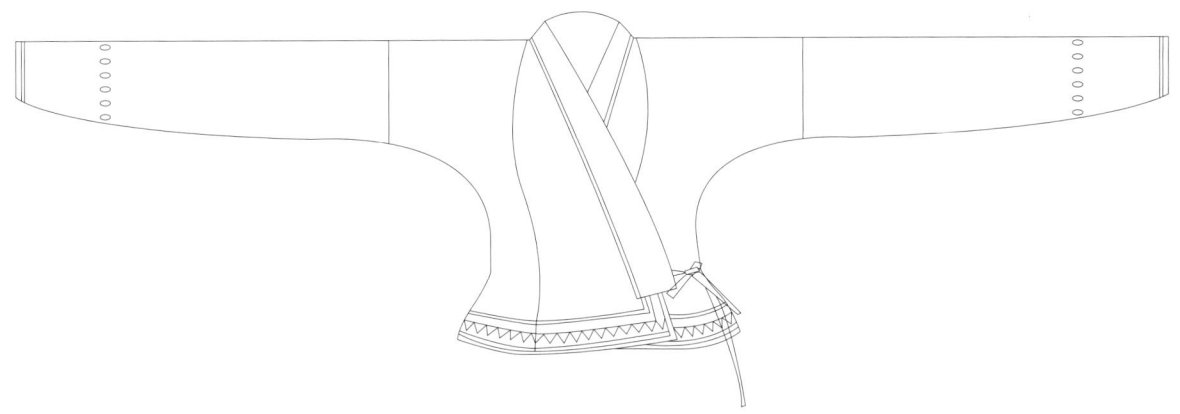

图二　布朗族白色斜襟短开衫正面示意图

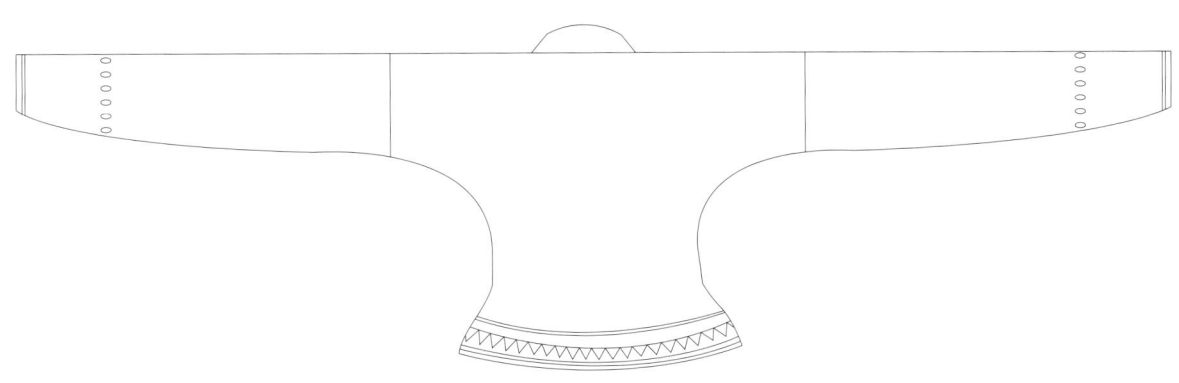

图三　布朗族白色斜襟短开衫背面示意图

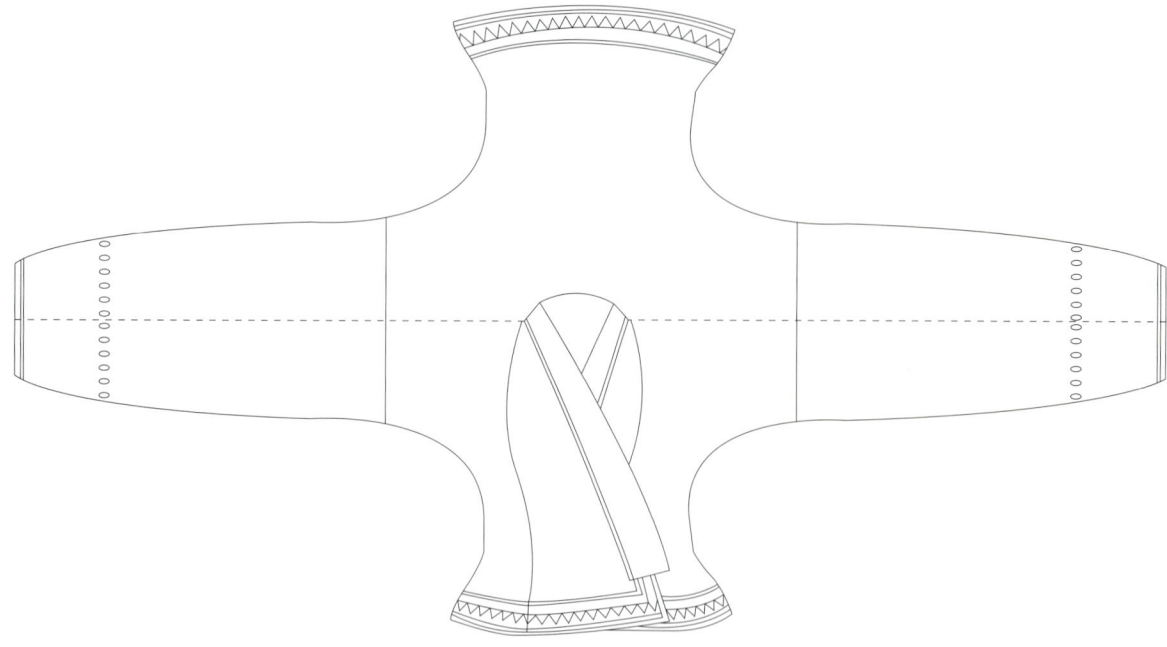

图四　布朗族白色斜襟短开衫开片图

图五　布朗族黑红横花条纹裙示意图

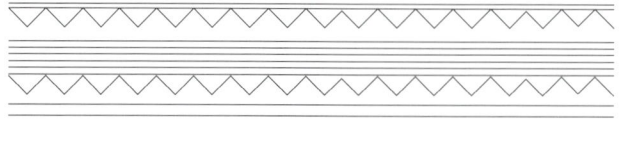

图六　布朗族黑红横花条纹裙局部花纹示意图

布朗族大襟交领上衣搭配黑色织锦筒裙

布朗族女性服饰是具有传统民族特色的服饰。因与傣族交错杂居，布朗族女装样式颇受傣族影响，多为窄袖紧腰上衣、筒式花裙。服装选用纯色鲜艳布料制作，上着交领，紧腰宽摆。

该款服饰裁剪左右大衽，又穿插缝拼线条，其线条与大块的分割协调，隐约能见立体裁剪的现代风格。腋下系带，打结后使其下的衣摆自然提起，呈现波浪形状。此外，衣后两边常分别缝有一条小布带，以供打结系紧之用。该款服饰之上衣底边，均缀满花边或彩色布条镶饰，色彩搭配艳丽而不失雅致。筒裙的设计剪裁独特，暗红线条挑花织出，绣制极为精细，比例协调而富有节奏。整体服饰均能充分表现出布朗族女性对于审美的准确掌控，以及对于美好生活的殷切向往。

布朗族妇女勤劳质朴，其服饰搭配方面以实用为主，并将功能与视觉做到了巧妙结合。在服饰色彩方面，布朗族服装常用两种迥异的色彩来搭配，以达到视觉冲击的设计效果，体现出不断融合的装饰设计新思想。

布朗族织布和染色在布朗族服饰文化中占据着重要位置。他们独特的染色技术历史悠久，在我国民族染织业中独树一帜。

图片来源

图一　常沙娜.中国织绣服饰全集·少数民族服饰卷.天津：天津人民美术出版社，2012

图二至图六　夏鹏飞　制图

图一　布朗族大襟交领上衣搭配黑色织锦筒裙主图

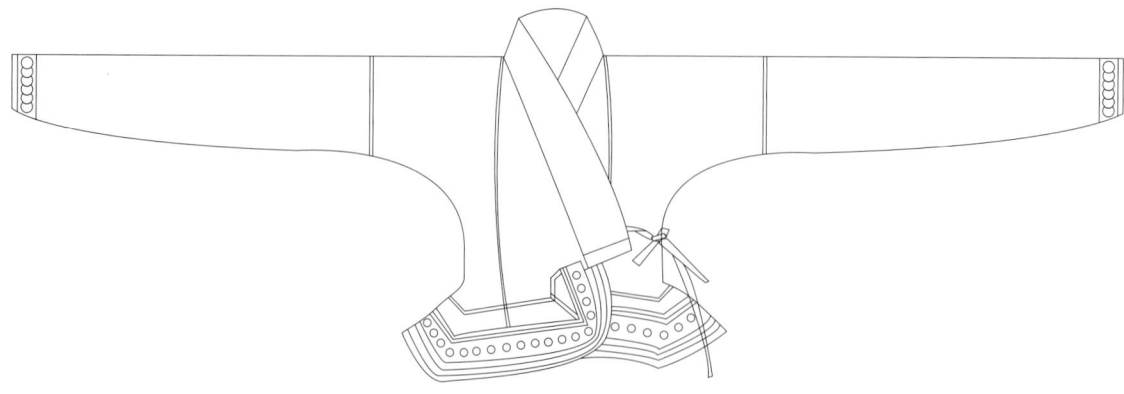

图二　布朗族大襟交领上衣正面示意图

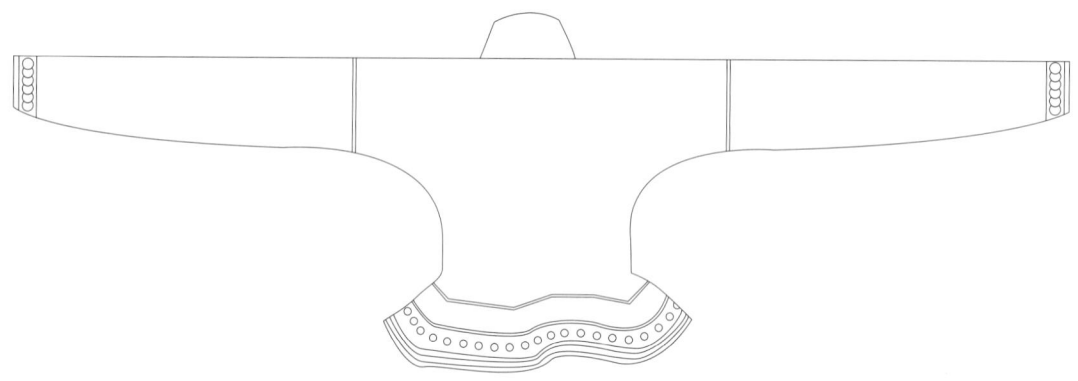

图三　布朗族大襟交领上衣背面示意图

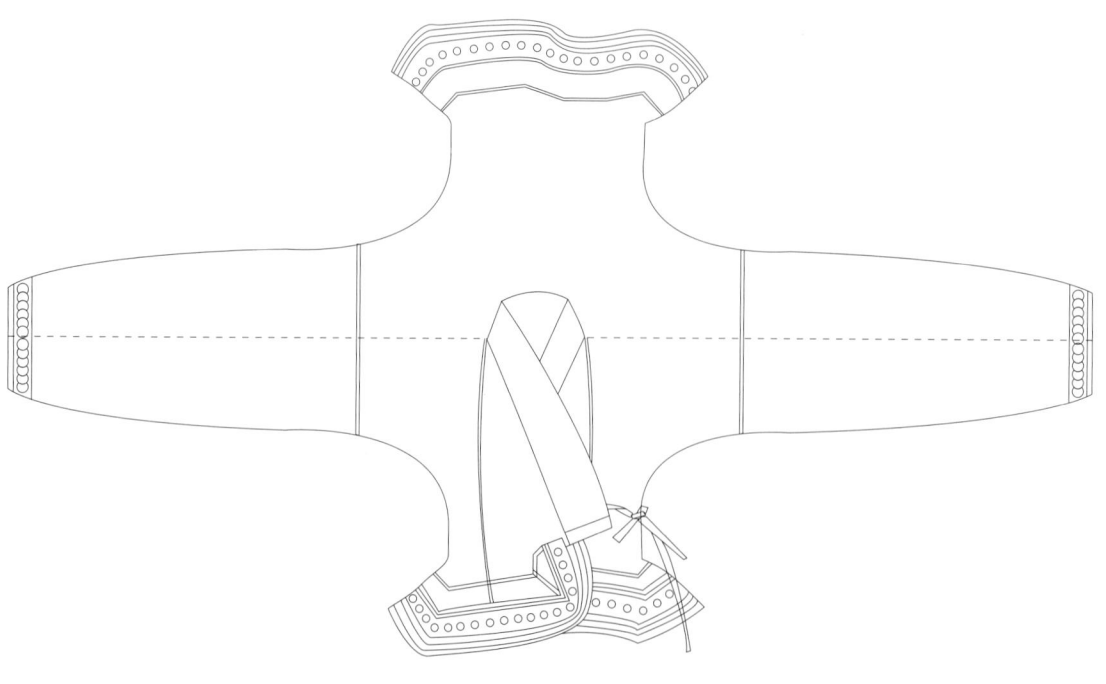

图四　布朗族大襟交领上衣开片图

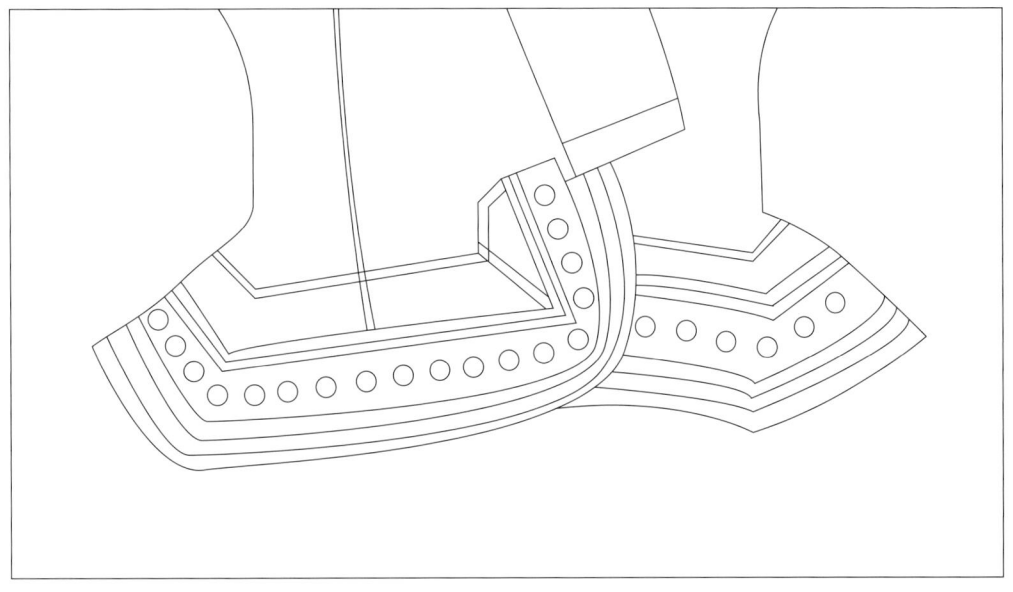

图五　布朗族大襟交领上衣局部分析图

图六　布朗族黑色织锦筒裙示意图

布朗族黑色立领长袖右衽大襟式上衣搭配绣花小围裙

图一　布朗族黑色立领长袖右衽大襟式上衣搭配绣花小围裙主图

本案例之服饰为布朗族女子节日庆典盛装，出现于云南省施甸县，通常由土蓝布与黑布缝制而成，主要分为上衣与围裙两个部分。其中上衣为黑色立领长袖右衽大襟式开衫，高领上绣精美图案，袖衫上镶红色花布横条；围裙为黑色绣花布裙，配十余银泡镶边长达膝部，两带端则以挑花为饰。

本案例之上衣款式传统，黑色的衣身与长袖袖口的红布横条，形成强烈的色彩对比，充分突出其热情洋溢的视觉特点。围裙为连接上下的过渡部分，兼有实用与装饰特点，且款式多种多样，主要分为满襟围裙和小围裙两种。案例所选之黑色小围裙，其特别之处在于正中心的花纹刺绣图案，图案上出现不同季节的不同内容，且配有夸张变形的动植物意象，形成独特的散点构图。其上所采用的红、黄两色，充分证明注重浓郁的色彩搭配是布朗族服饰的特点之一。除此之外，围裙腰带上排列有序的方块图案，也起到极强的装饰效果，且独特新颖，令人眼前一亮。

布朗族服饰中的刺绣是不可缺少的装饰品。刺绣图案多为花草、鸟兽与几何图形。布朗族人善将自然界中的美好物象通过变形、夸张等手法，组合出别具特色的纹样，并使用富于变化的刺绣纹样形式。不仅如此，布朗族人注重浓郁的色彩搭配，更是充分表现出他们喜爱如意吉祥的寓意和对美好生活的期盼与追求。

图片来源

图一 常沙娜.中国织绣服饰全集·少数民族服饰卷.天津：天津人民美术出版社，2012

图二至图七 夏鹏飞 制图

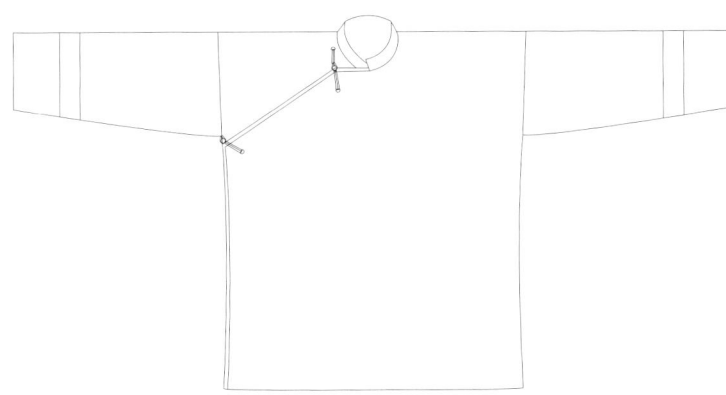

图二 布朗族黑色立领长袖右衽大襟式上衣正面示意图

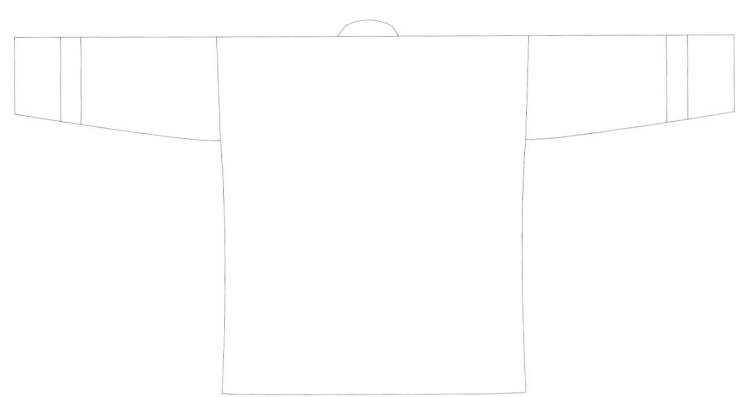

图三 布朗族黑色立领长袖右衽大襟式上衣背面示意图

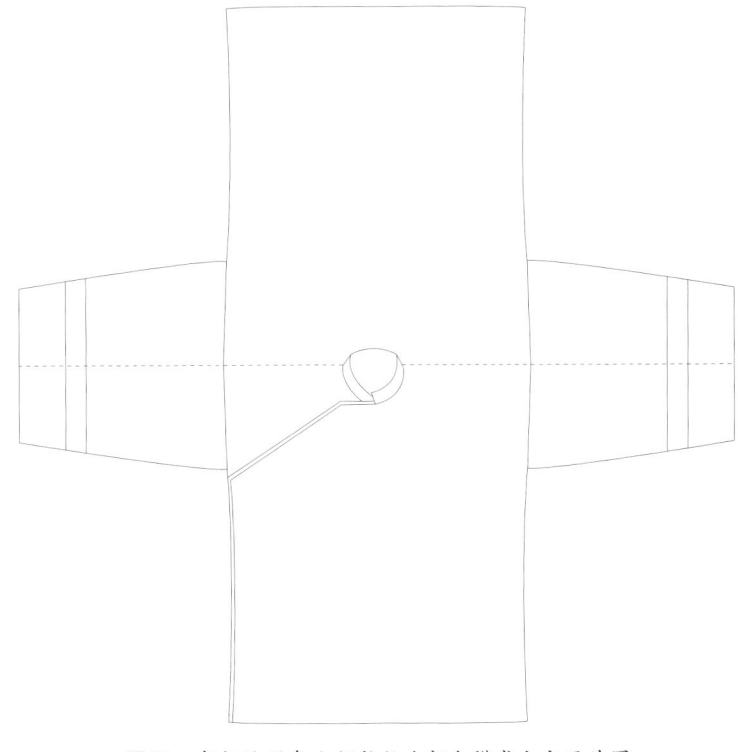

图四 布朗族黑色立领长袖右衽大襟式上衣开片图

第二章 布朗族传统服饰

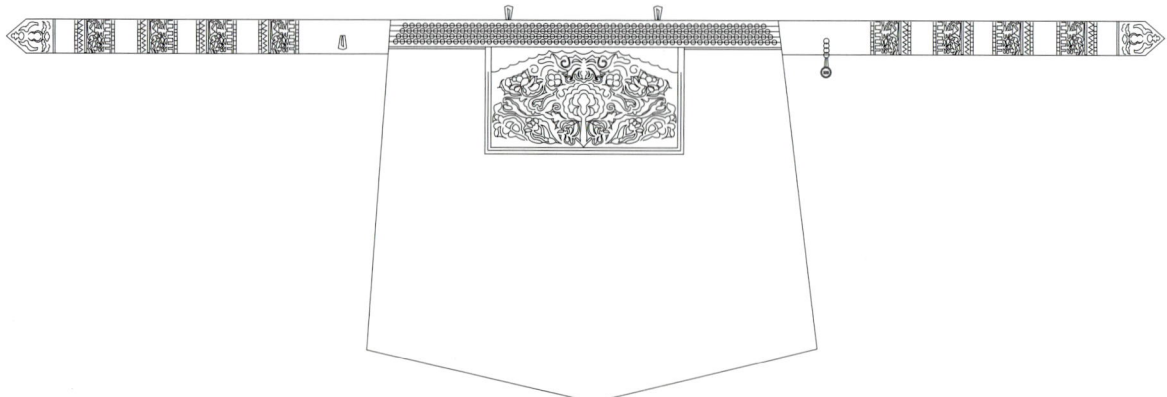

图五　布朗族绣花小围裙示意图

图六　布朗族绣花小围裙绣花分析实物图

图七　布朗族绣花小围裙绣花分析线描图

布朗族黑色圆领右衽窄袖短衣搭配及膝黑布裤

图一 布朗族黑色圆领右衽窄袖短衣搭配及膝黑布裤主图

本案例之服饰为云南省双江县布朗族女子的日常生活着装。头部使用人字形黑布包裹，一端配以线穗为缀；上身着黑色圆领右衽窄袖短衣，左胸绣有葫芦图案，并挂荷包于扣袢之上；下身着长度及膝的黑布裤，并裹黑色绑腿。

本案例服饰以黑色作为主色调，表现出优雅、端庄、凝练的视觉效果。上身之生动俏皮的葫芦绣饰，不仅较好地规避了纯黑服饰的单调，更是展现出布朗族在服装设计中丰富多样的艺术元素。美观实用的小荷包，彰显质朴，不仅可用于盛装零碎物件，更是成为服装上美丽个性的饰物，体现出布朗族妇女对美的追求和对幸福的憧憬。该款服饰在设计搭配上，融合了成熟与俏皮、活泼与雅致等相对对立的风格元素，使之达成意想不到的美感。

布朗族自古男耕女织，尤其是布朗族妇女心灵手巧。闲暇之时，她们会在竹楼底层两根柱子之间，用腰机织布，每人每天可织出一尺宽的土布七八尺。绣荷包更是日常活计，其中"棉包锦囊"的绣制最具特色。在布朗族的婚礼习俗中，进行爬竿比赛是婚礼必经流程，此时新娘必须拿出在婚前精心绣制的"棉包锦囊"，内装五谷、银饰等物，挂于竹竿之上，赠予爬杆比赛的胜利者，以示吉祥。

绣荷包作为民族艺术的精品，不仅是民族的语言与形象，更能突显区域文化里的特色与精华。

布朗族服饰式样古朴，做工考究，非常

第二章 布朗族传统服饰

实用，适应山区生活。可以说，布朗族服饰是布朗族直观形象的物质文化表征和外在标志，但它又包含着极其丰富而深刻的精神文化和农耕文化的内容。

图片来源

图一、图六 常沙娜.中国织绣服饰全集·少数民族服饰卷.天津：天津人民美术出版社，2012

图二至图五 庞思琪 制图

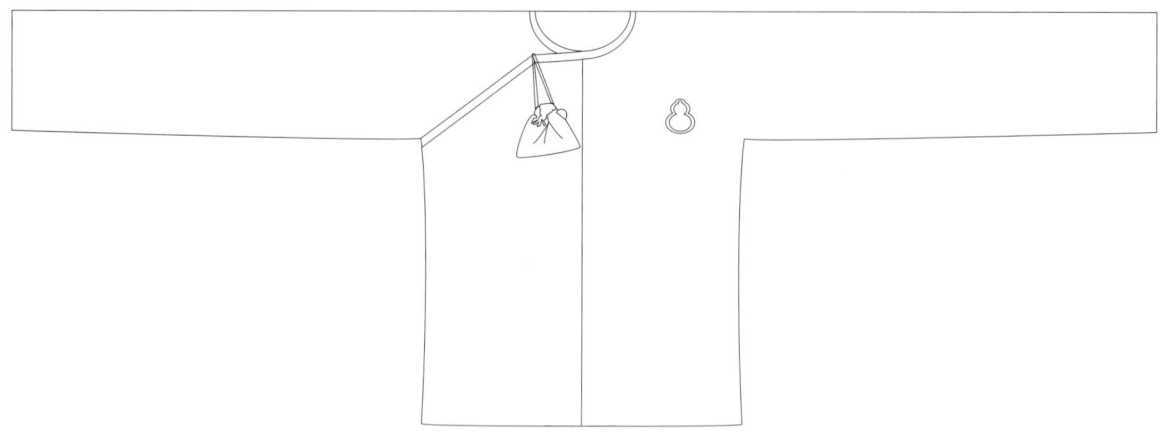

图二 布朗族黑色圆领右衽窄袖短衣正面示意图

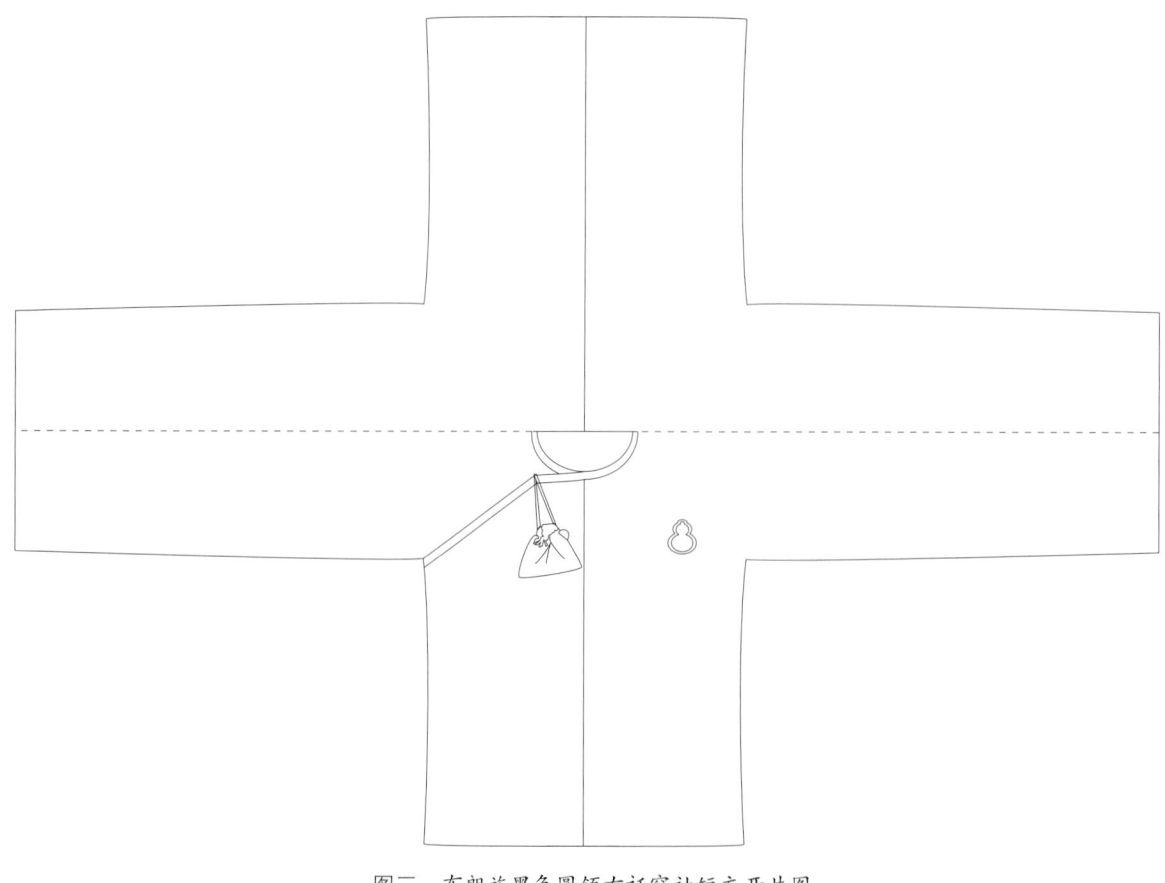

图三 布朗族黑色圆领右衽窄袖短衣开片图

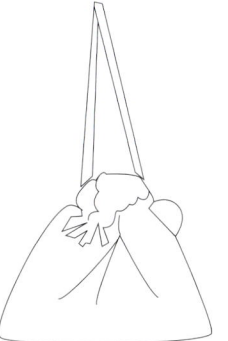

图五　布朗族挂饰示意图

图四　布朗族及膝黑布裤示意图

图六　布朗族"棉包锦囊"实物图

第二章　布朗族传统服饰

025

布朗族蓝布高领大襟上衣搭配红布筒裙

图一 布朗族蓝布高领大襟上衣搭配红布筒裙主图

本案例之服饰为云南省施甸县布朗族妇女喜穿的传统服饰之一。此服饰通常有节日盛装与生活装之分,其中生活装朴实无华,装饰较少。而本案例所选服饰为女子出席正式场合时的着装,上身为藏蓝色大面斜襟立领长袖上衣;下身为红色条纹棉织筒裙。

此款布朗族女装,其上衣裁剪方式新颖,小立领,大面斜襟,细带系腰间,下摆裁剪成扇形,扇角翘于腰部两侧,凸显圆弧优美以及俏皮等特点。下身筒裙以柔软面料为材,条纹随行走摆动之趋势,形成变化起伏的波纹线,此设计在彰显设计元素的同时,又极具视觉美感。此款女性服饰完美地运用了色彩之间的冷暖对比,上身蓝布高领大襟上衣,衬托下身的红色筒裙,通过服饰双色设计中的明暗对比,更好地突显了色彩的特质,使上下装之间构成了明快、活跃的整体氛围,表达出了独特的设计理念。

布朗族妇女善于运用色彩的搭配和款式的裁剪，织出的斜纹布、彩锦、阿娃毯等，物品皆质朴而清新，服饰风格亦简约而实在，彰显出布朗族人的审美水平及智慧。

图片来源
图一 常沙娜.中国织绣服饰全集·少数民族服饰卷.天津：天津人民美术出版社，2012
图二至图七 庞思琪 制图

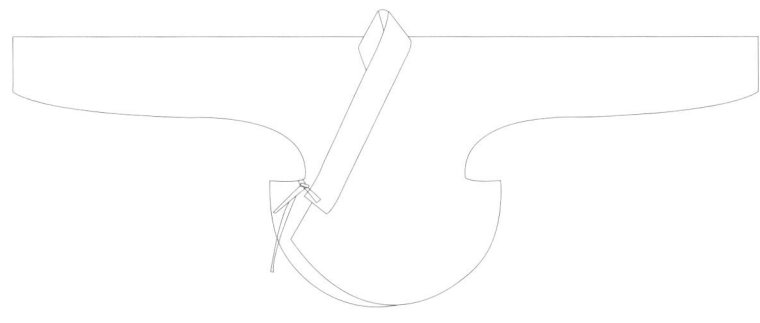

图二 布朗族蓝布高领大襟上衣正面示意图

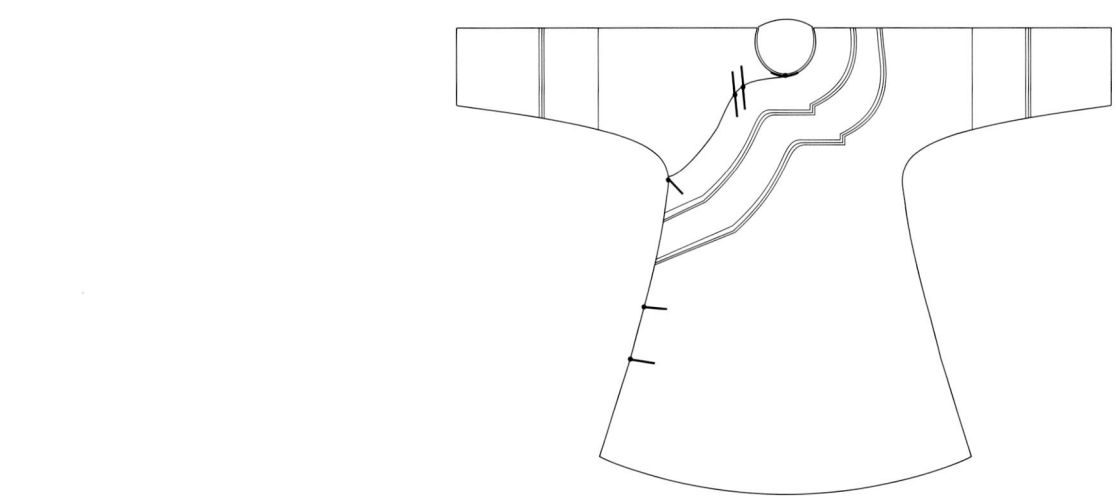

图三 布朗族蓝布高领大襟上衣背面示意图

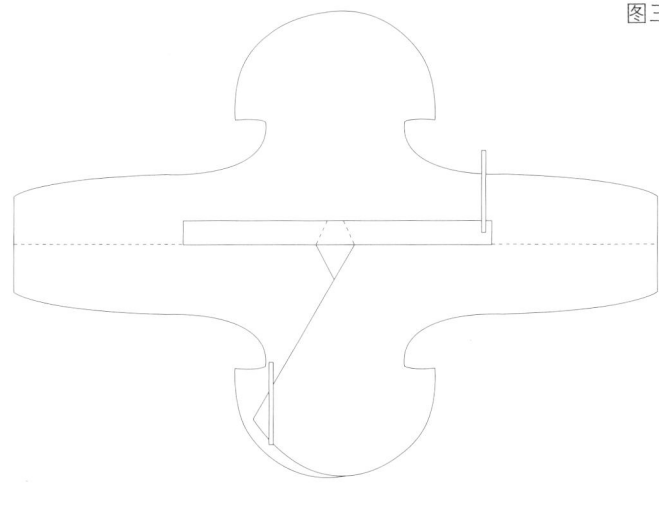

图四 布朗族蓝布高领大襟上衣开片图

图五　布朗族蓝布高领大襟上衣局部分析图

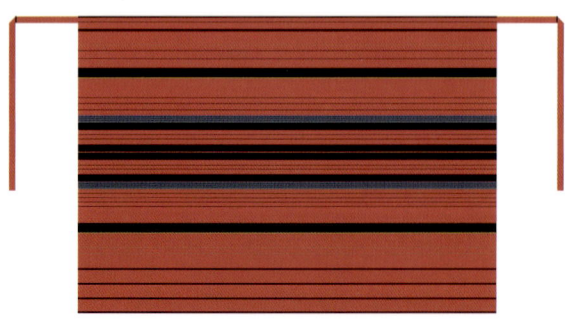

图六　布朗族红布筒裙示意图

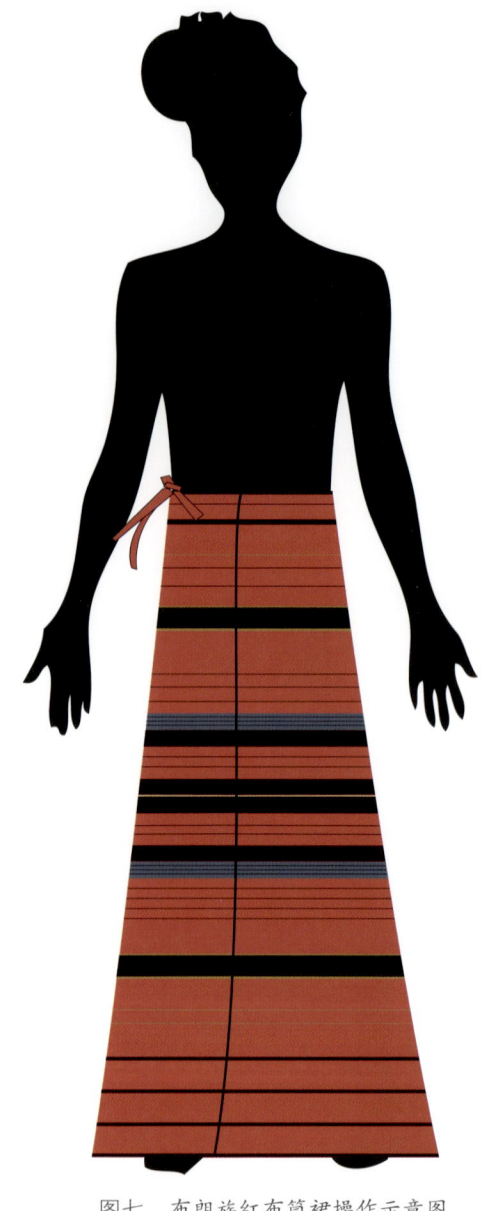

图七　布朗族红布筒裙操作示意图

布朗族紧身衣筒裙绣花腰带女服

图一　布朗族紧身衣筒裙绣花腰带女服主图

云南拥有众多的民族、复杂的地形地貌，以及多变的立体气候，这在一定程度上决定了云南少数民族的服装和装饰品必然会呈现绚丽多彩、蔚为大观的景象。而本案例之紧身衣筒裙绣花腰带女服，就是一款极具布朗族特色的传统服饰。

紧身衣筒裙绣花腰带的制作，需选用上好的蓝色布料进行精细裁剪，裁剪规格为袖长140厘米，衣长48厘米，裙长75厘米。小立领窄袖对襟短衫，选用白色花布制作领子，并配三排同色的布制盘扣。而黑色布腰带之两端为绿色布底，上绣红、黄、蓝等各色花卉图案。待将短衫系紧之后，则悬挂彩色绣花飘带于腰部两侧。

居住在西双版纳和澜沧一带的布朗族妇女婚前婚后着装不同。未婚女子上身多身穿白布或粉蓝布上衣，已婚的妇女上身则喜穿黑布或青布短衫，内衣为绣有鲜艳条纹的花布贴身夹衫。下身多分为两层筒裙，内层为白布裙，外层为横条纹的黑底红色裙，另于下摆处配有一道黑布或蓝布镶边。小腿多缠黑布绑腿，头缠黑色包头巾。姑娘留长发，妇女则梳发髻。布朗族人巧妙地通过服饰的样式及色彩来区分女性的各种身份，突显出传统的身份层次观念的遗存与传承。

图片来源
图一　常沙娜.中国织绣服饰全集·少数民族服饰卷.天津：天津人民美术出版社，2012
图二至图九　凌海龙　制图

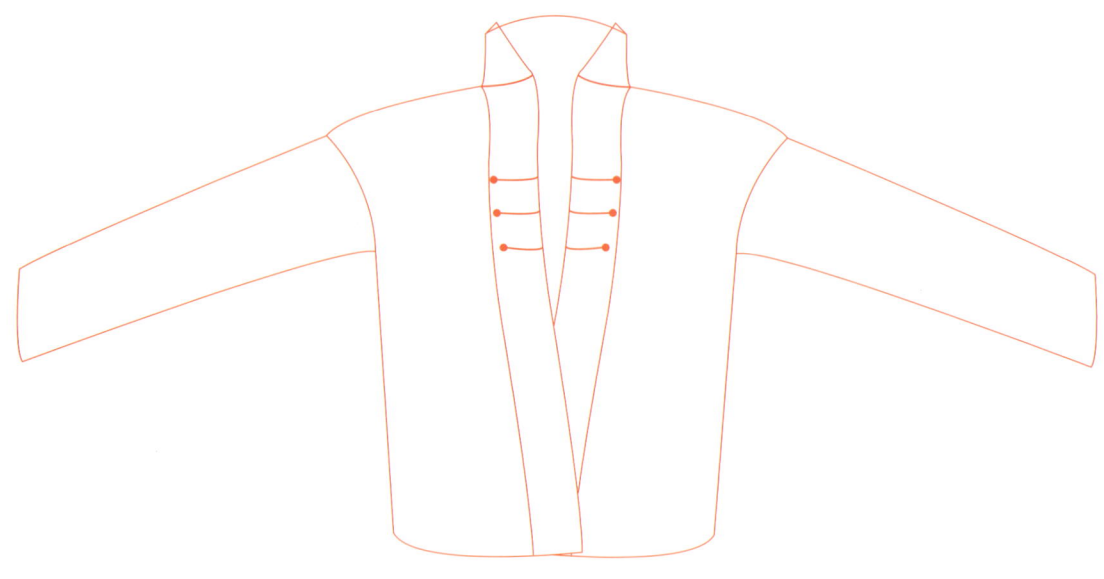

图二　布朗族女服紧身衣线描图

图三　布朗族紧身衣筒裙绣花腰带女服尺寸图
（单位：cm）

图四　布朗族紧身衣筒裙绣花腰带女服配件名称图

图五　布朗族女服紧身衣色彩分析图

图六　布朗族女服筒裙配色分析图

多种色彩应用比例示意图

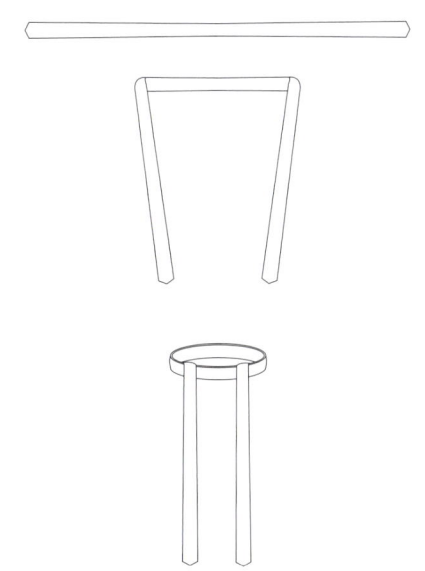

图七　布朗族女服筒裙穿着方式示意图

图八　布朗族女服腰带佩戴示意图

图九　布朗族女服腰带花式装饰分析图

第二章　布朗族传统服饰

布朗族蓝布女式大褂

图一　布朗族蓝布女式大褂主图

布朗族蓝布女式大褂由粗制麻布制作而成，采用斜开襟的设计手法，大胆配搭蓝、黑两种自然基础色，是颇具布朗族地域特色的成衣代表服饰之一。

制作蓝布女式大褂，需选用自制的浅蓝色布料，并根据布朗族女子的具体身材，依据肩围、胸围、腰围、臂展长度等尺寸，进行量身定做，是现代立体剪裁的雏形。此大褂依蓝色为主色调，但袖口及斜襟处施以黑色麻布做点缀，打破了大面积蓝色的浮躁感，达到了色彩运用的和谐感；同时增加了耐磨部位的强度。黑色麻布之上用红、绿、黄三重自然色绣制出灵动的花卉图案，弱化了黑色的压抑感，反而增加了整件服饰的美观度，更好地凸显女性的美丽与魅力。

蓝布女式大褂的设计，不仅融合了对当地气候条件因素的考虑，还采用了量体裁衣的立体制衣技术，对穿着者实行定制加工。布朗族各式"蓝布女式大褂"就像是一幅幅颇具风情趣味的画卷，用色质朴系统，仅通过不加修饰的自然色便展现出丰富多彩的色彩美感及色调和谐度；抽象的花卉图案反映出布朗族人对自然花卉的深度认知及主观提炼，可供后人仔细品鉴、阅读与探寻。

图片来源

图一　常沙娜.中国织绣服饰全集·少数民族服饰卷.天津：天津人民美术出版社，2012

图二至图五　凌海龙　制图

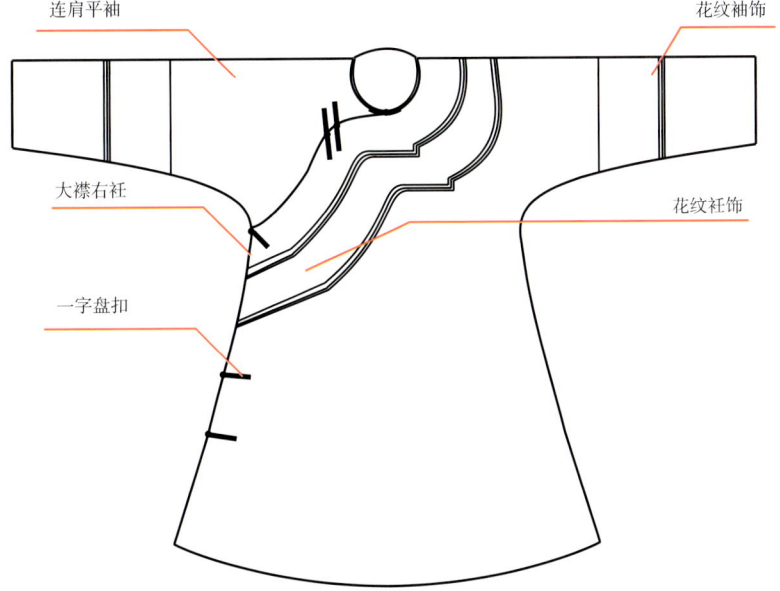

图二　布朗族蓝布女式大裇结构名称图

图三　布朗族蓝布女式大裇结构示意图

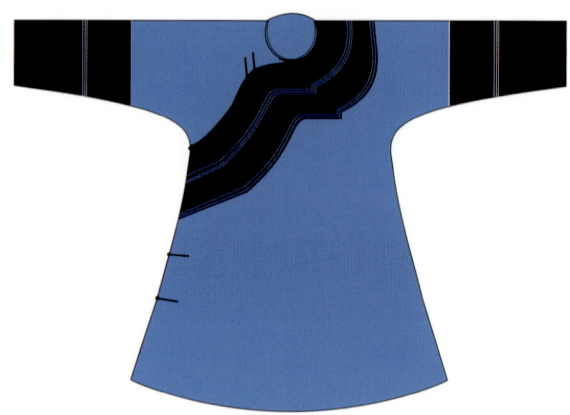

图五　布朗族蓝布女式大褂色彩分析示意图

图四　布朗族蓝布女式大褂花卉装饰分析图

布朗族礼仪服饰

图一 布朗族礼仪服饰主图

布朗族礼仪服饰属于现代布朗族服饰，区别于传统的布朗族服饰。传统布朗族穿着简朴，男女皆喜欢穿青色和黑色衣服，现代布朗族礼服喜欢黑色和红色的搭配。

此案例由礼服和礼裤两部分组成。上身穿黑布圆领大襟上衣，领边绣以花纹，领口两边胸前用布条缝缀着粉红色布花。中襟有四条粉红色布条形成装饰，袖口用粉红和粉绿色布条镶边，上衣外还套一件对襟短裙，主要颜色以粉红色为主。下身穿着黑色长裤，腰间拴腰带，裤腿上方绣以浅蓝色花纹。

现代布朗族的服饰，其形式基本相同，但也略有一些差异。相同的是都是以黑色为主的服饰，布朗族人以黑色为美是他们的传统。但随着社会的发展，布朗族服饰也与时俱进，这款礼服服饰上就大胆地加入了粉红色元素，给人以青春活泼的感觉外，更体现出布朗族人大胆创新的聪明才智。

图片来源
图一、图五 岩勐 摄影
图二至图四 邹茜 制图

图二 布朗族礼仪服饰上衣正背面图示

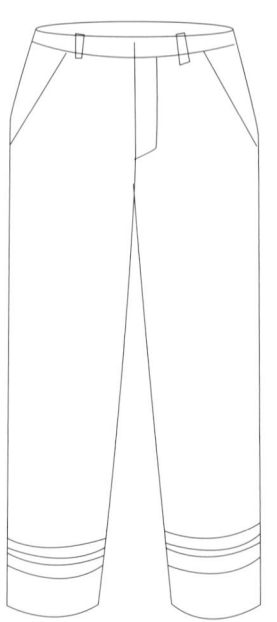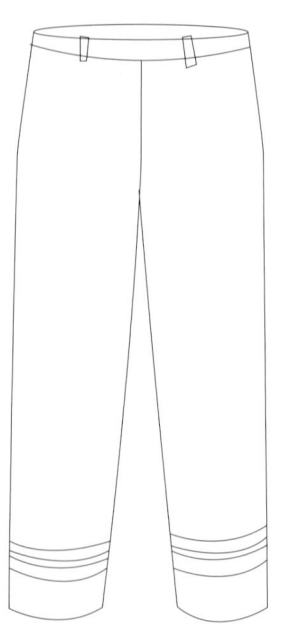

图三 布朗族礼仪服饰下装正背面图示

图四　布朗族礼仪服饰色彩分析示意图

图五　布朗族礼仪服饰穿着场景图

布朗族儿童服饰

图一　布朗族儿童服饰主图

此案例选自布朗族迎宾仪式中所使用的礼仪服饰，是布朗族人专为儿童设计制作的一款服饰类别。它的形制与布朗族成人服饰相类似，只是在尺寸上等比略有缩小而已。

此儿童服饰分为上装与束腰裙两部分。通体色彩以黑色为主，并在领口、袖口、裙摆处设有红、绿、黄三种自然色彩的多方连续纹样。纹样的形式采用花卉和几何两种形式，体现了布朗族人对于自然图形的深度认知以及提炼，突显出布朗族人原始的视觉审美。上装采用左、右开襟的裁剪形式，设计思路源于劳作的功能需求，宽松形制有利于增大手臂的活动范围，便于手臂的劳作运动。衣服的前、后版均采用对称的裁剪形式，仅在领口处作了特殊的剪裁处理，此法简化了制衣工艺的繁杂。束腰裙则是选用一块长方形的布匹，上端左右两侧设有束带，依据穿着者的自身体量，于腰际进行简单的缠绕，再用束带捆扎固定。

此案例是以劳作为目的而设计的形制，体现了布朗族人尚农的思想。色彩的运用质朴低调，体现了自然的审美意趣，反映出布朗族人务实忌虚的做事风格。此款儿童服饰设计简约，裁剪便捷，具有较好的通用性，适合各种身材的儿童穿着，具有较强的普适性。

图片来源
图一　岩勐　摄影
图二至图六　夏鹏飞　制图

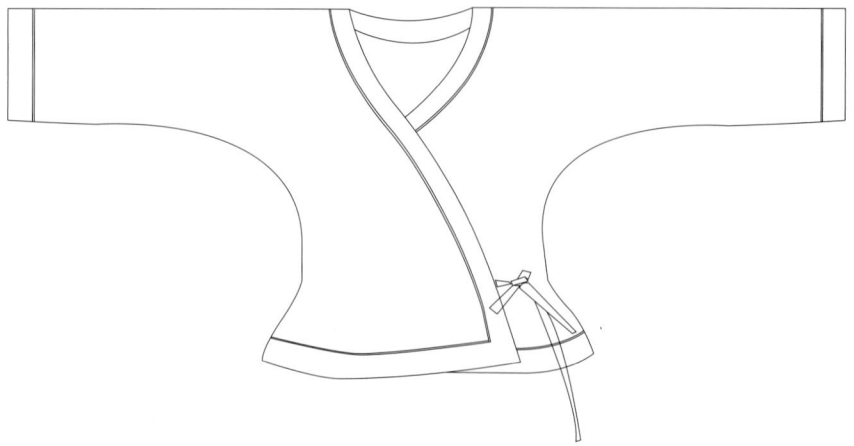

图二　布朗族儿童服饰上衣线描图

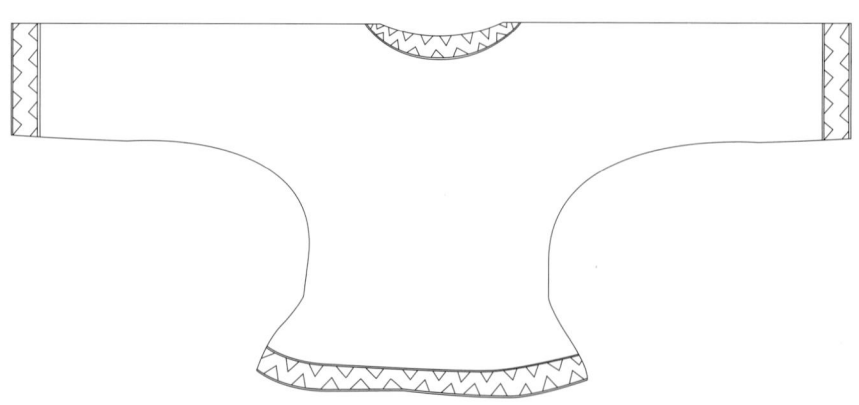

图三　布朗族儿童服饰上衣正背面图示

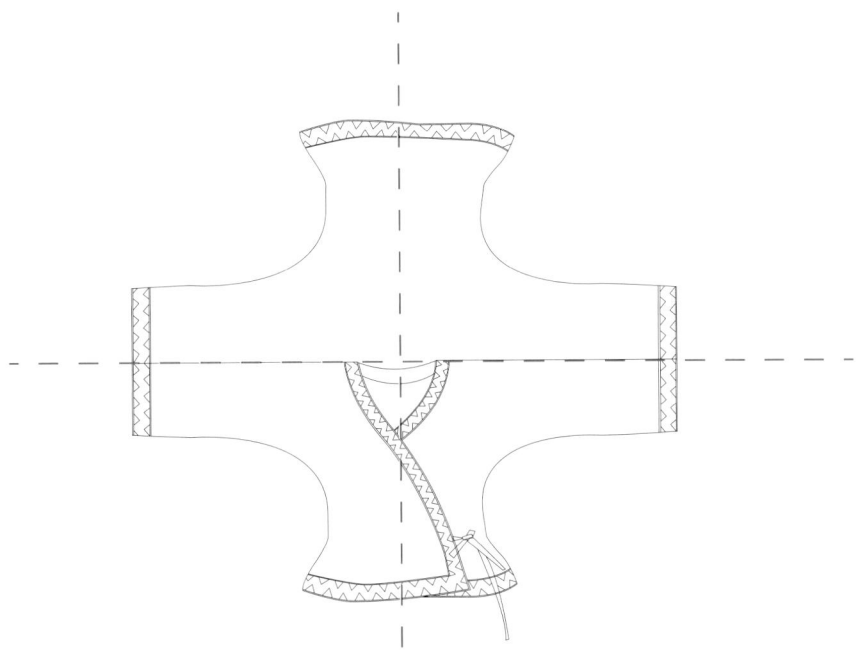

图四 布朗族儿童服饰上衣结构分析示意图

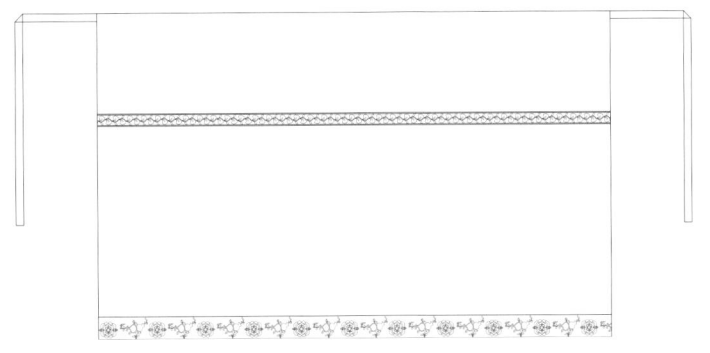

图五 布朗族儿童服饰束腰裙线描图

图六 布朗族儿童服饰束腰裙色彩分析图

布朗族绣花绒球翘尖女靴

图一　布朗族绣花绒球翘尖女靴主图

绣花绒球翘尖女靴为布朗族传统女鞋，有其独特而成熟的造型设计。此鞋之黑布鞋帮，使用彩线绣花鸟、云勾纹等图案，并配以白色彩线花带作为装饰。上部开衩的红色靴筒，在口沿处以黑布包边。鞋底使用白色纳线，鞋头上翘，翘尖处缀有红线绒球为饰。

绣花绒球翘尖女靴有着非常烦琐的制作工序，其中鞋样最为关键，它决定着一双鞋子的美观程度。选好鞋样后，选毛纸、鞋盒、纸箱、旧布之一作为主材，一层层抹上浆糊，贴于墙壁之上。待其干燥取下，斜着裁剪，并以针线走边，也叫使底。一只鞋分两层底，使两者对合之后，再添布层，一层层需添平整。下一步便是做脚底布了，通常用一块白粗布，斜着剪出，面积比底稍大一些。再用笔画样，剪好对齐，并圈好脚底布，开始纳底（千层底）。底部做好之后，于鞋面绣上吉祥如意的图案，并缝上多为红色的鞋筒，并在鞋头翘尖处缝上红线绒球，一只绣花绒球翘尖女靴就此制作完成。

此案例运用了大面积的红色与黑色搭配。布朗族人对于黑色有着原始崇拜，红色则作为点缀色彩以适应喜庆的氛围；黑色区域用各色彩线绣制出富有韵律的菱形图案，环绕于红、黑两色的衔接处，有效地提升了色彩的虚实关系，并弱化了红、黑色块的视觉冲击力。黑色鞋面处则用原色绣制出富有吉祥意味的抽象花纹图案，打破了黑色的沉闷感，巧妙地增加了视觉美感。鞋尖处点缀绒线扎制的绣花球，提升了鞋体的活力。

鞋体各部件的制作考虑了功能性和制作

的简易性，但两者结合却体现了传统美学意味。红、黑色所占比例适宜，体现出布朗族人对于色彩张力的充分认知。此案例是布朗族人用最传统的制鞋技艺和朴素的色彩搭配技巧相结合，实现了功能与美感兼具的整体设计。

图片来源

图一　周文林主编.云南少数民族图库.昆明：云南美术出版社，2002

图二至图五、图七　邹茜　制图

图六　黄可欣　制图

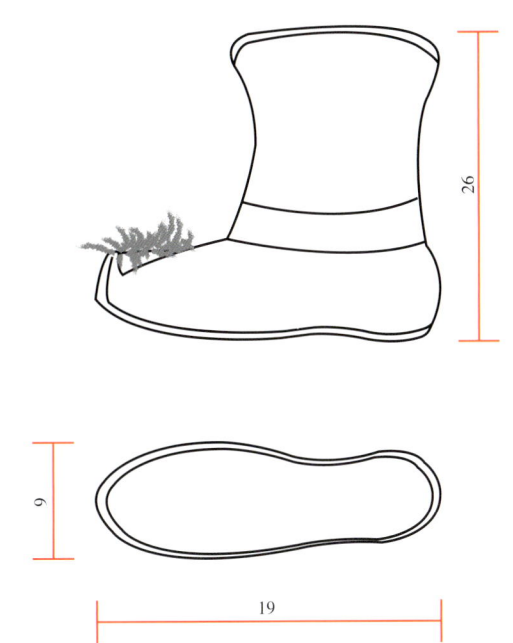

图二　布朗族绣花绒球翘尖女靴尺寸图（单位：cm）

图三　布朗族绣花绒球翘尖女靴结构名称图

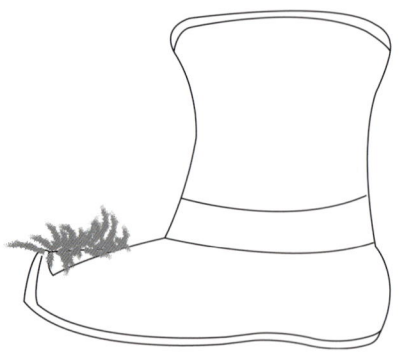

图四　布朗族绣花绒球翘尖女靴线描图

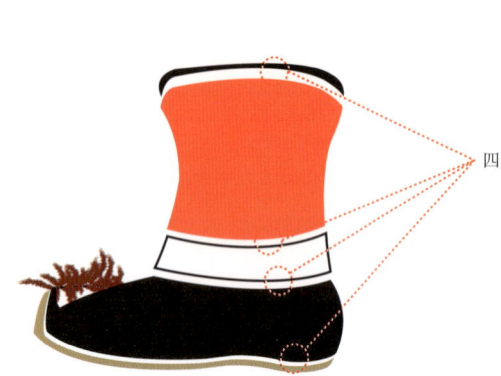

图五　布朗族绣花绒球翘尖女靴结构分析图

图六　布朗族绣花绒球翘尖女靴色彩分析图

四点鞋体缝合处

图七　布朗族绣花绒球翘尖女靴图案样式示意图

布朗族竹屐

图一　布朗族竹屐主图

竹屐，简称屐，为布朗族传统生活用品之一。此物以竹为材，适合在南方雨天，于泥土路上行走。因布朗族聚集区域地处亚热带，夏冬气温高，雨季长，春夏间又高温多湿，而着竹屐可避湿气，冲凉后穿上它即刻就干，尤其适合夏季纳凉，布朗族人都喜穿它。

竹屐通常由底板与鞋带两部分组成。其中，作为屐之承重基础的底板，是由主材在依据个体足长，确定完适宜尺寸后，整段竹节剖削而成。底板阳面切削成较为光滑的平面，避免竹刺钩挂足部，利于穿戴的舒适度，另外，底板阳面还开有三个孔洞，嵌入由麻质材料编织而成的粗麻线，作足部穿戴时的固定之用；底板阴面则依据脚步的着力点，切削出6个平锥形的足钉，此法既有抓地防滑效果，又可快速从泥泞中拔出。

此案例之原料，就地取材使用竹子，给人以自然的和谐美感，以及淳朴的艺术享受；简易实用的造型，依据个人足部的尺寸采取量身定制的原则，工艺简练，风格粗犷，天然野趣，充分体现出布朗族人善于学习、善于模仿的聪明才智。

图片来源
图一　岩勐　摄影
图二到图六　夏鹏飞　制图

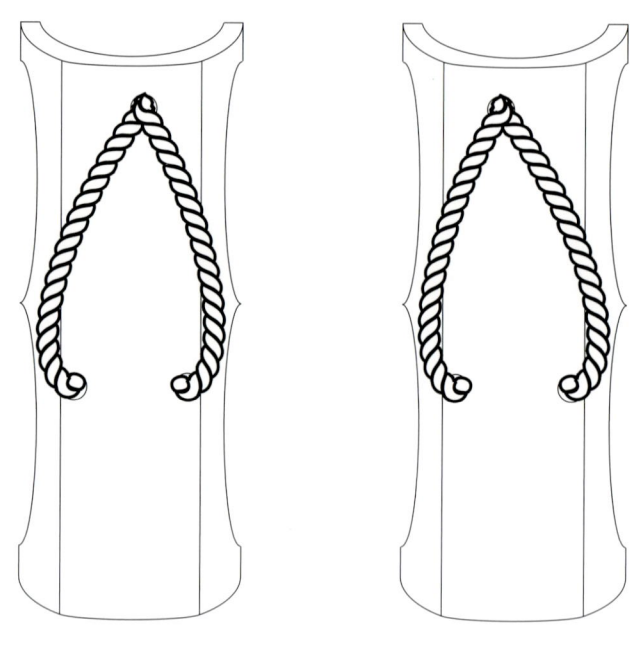

图二　布朗族竹屐线描图

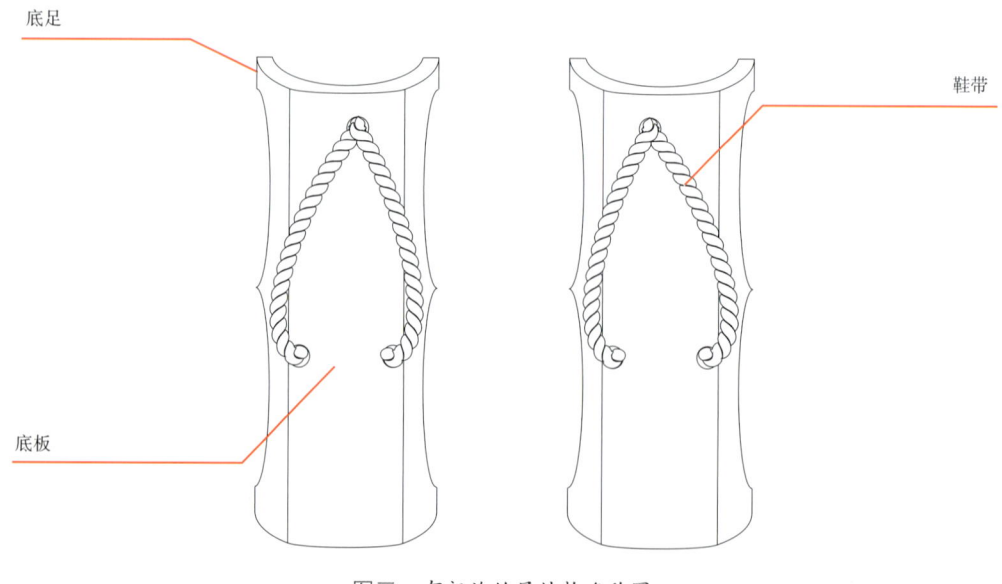

图三　布朗族竹屐结构名称图

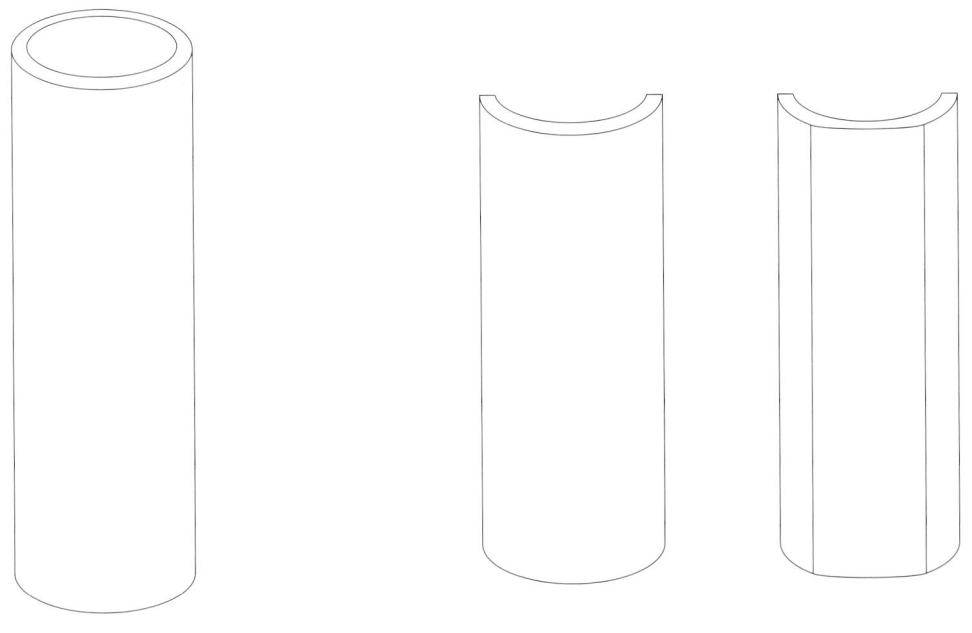

图四 布朗族竹屐竹节加工图

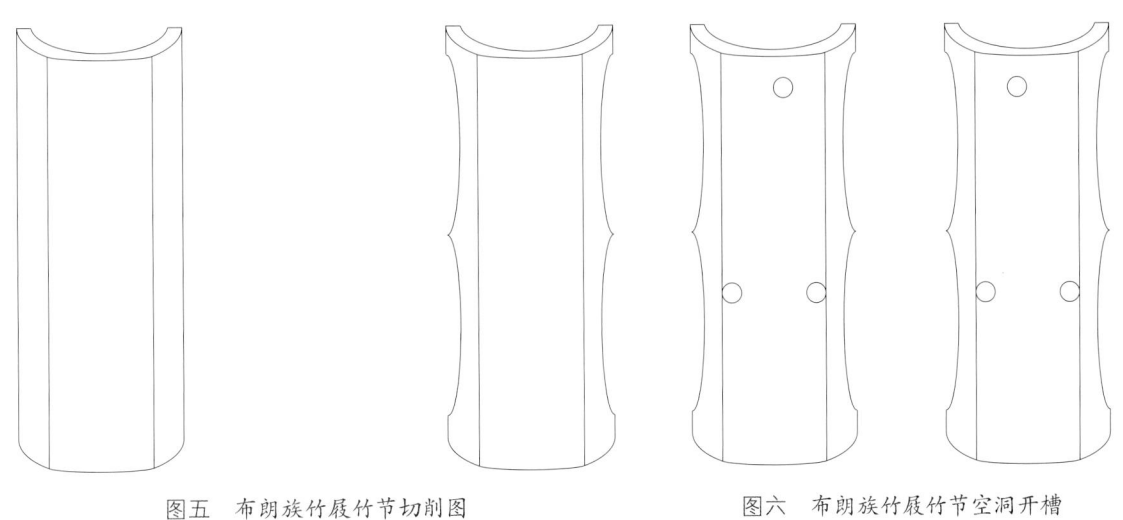

图五 布朗族竹屐竹节切削图　　　　图六 布朗族竹屐竹节空洞开槽

布朗族瓦房帽

图一　布朗族瓦房帽主图（1）

瓦房帽，作为布朗族最典型的服饰之一，承载着族中长辈对于孩童们最为诚挚的祝福。其各个部分的独特设计，都各自蕴藏着不同的吉祥寓意，比如四面出水的帽顶，寓意着四季平安；六个凸出的帽角，寓意着六六大顺等。

此帽的结构由帽顶和帽墙两部分组成，有着男帽与女帽之分，女帽在色彩的选择上，比之男帽，要更加鲜艳。其制作流程大致如下：首先使用魔芋浆将碎布片黏结在一起，裱糊并晒干后形成硬布壳。将硬布壳按尺寸大小剪制成五块，并绣上各式的吉祥花样。然后择选其中四块，拼合缝制成为帽顶，并将花边缝于各块布壳的边缘之上。再将帽顶整体与帽墙缝合，并准备各种寓意物品，包入小布块中，缝制成六角绣环，配以缨子，系于帽顶的各角，如此瓦房帽就算大体成型了。

布朗族瓦房帽有着悠久的历史传承，寄托着一代又一代布朗族的长辈对于晚辈最真挚的祝福与关爱。瓦房帽不仅造型别致、刺绣精美、色调鲜明，更洋溢着浓郁的布朗族特色，在保护和弘扬民族民间传统文化方面，也有着重要的价值和意义。

图片来源
图一、图二　岩勐　摄影
图三至图六　邹茜　制图

图二　布朗族瓦房帽主图（2）

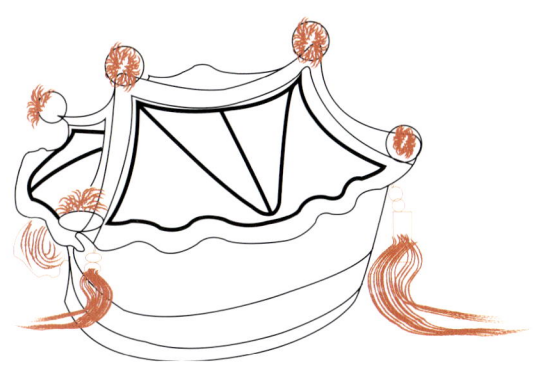

图三　布朗族瓦房帽线描图

帽顶

帽墙

帽穗

图四　布朗族瓦房帽结构名称图

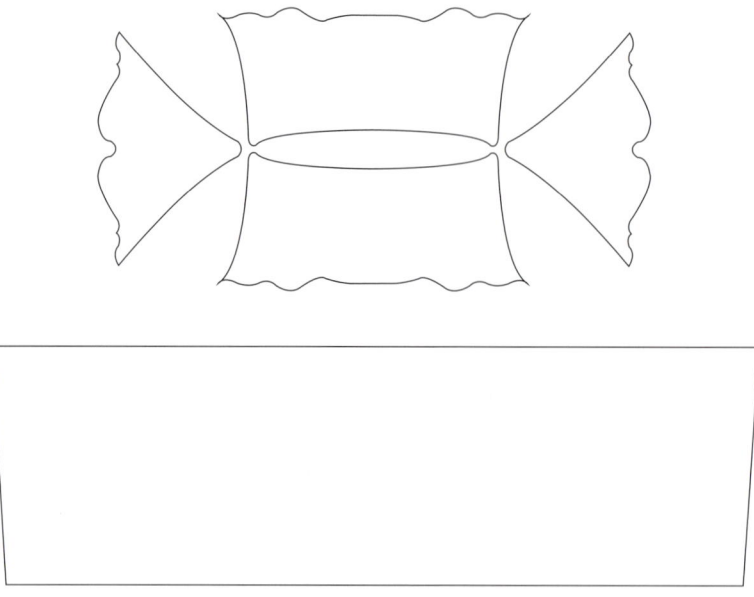

图五　布朗族瓦房帽结构分析图

图六　布朗族瓦房帽纹饰分析图

布朗族头饰

图一 布朗族头饰主图

头饰是一种佩戴于头部的装饰性物品。本案例之绢花头饰为布朗族颇具代表性的头饰之一。生活于云南山区的布朗族人，因其所处的独特地域条件，培育出了各式各样美丽的花卉。而布朗族人的审美情趣，又注重对自然之美的追求，故花卉形式成为布朗族头饰的常见式样。

头饰的结构由发箍与绢花装饰两部分组成。其中，发箍以黑色宽土布缠绕而成，发箍采用左右相互压搭的形式缠绕；绢花装饰是以自然生长的花卉为原型制作，在造型上，将花瓣、花蕊等各个细节都模仿得淋漓尽致。另外，制作者通过传统的染制工艺，模仿出花卉的自然色彩，形成逼真的视觉效果。与此同时，还有直接摘取鲜花配搭插缀于发箍之上的头饰，此法更是美丽夺目。

头饰除去较为单一的实用功能外，更体现了布朗族人对于美的追求。花卉头饰的设计体现了布朗族人对于自然之物的喜爱，彰显出最为朴实无华的自然审美追求。自然之美是所有美学文化的根源，是审美提升的基础所在，布朗族人对美的追求是直白的、真实的，体现了一种审美的真性情。

图片来源
图一　岩勐　摄影
图二至图六　邹茜　制图

图二　布朗族头饰结构名称图

 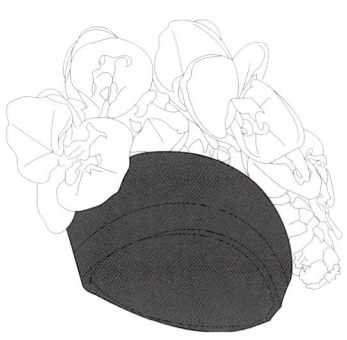 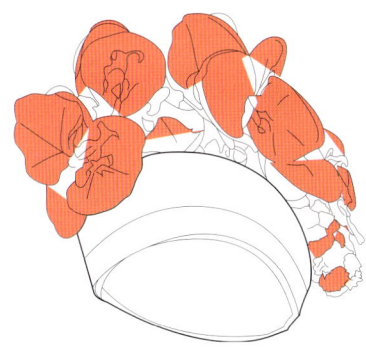

图三　布朗族头饰线描图　　　　图四　布朗族发箍色彩分析图　　　　图五　布朗族头饰色彩分析图

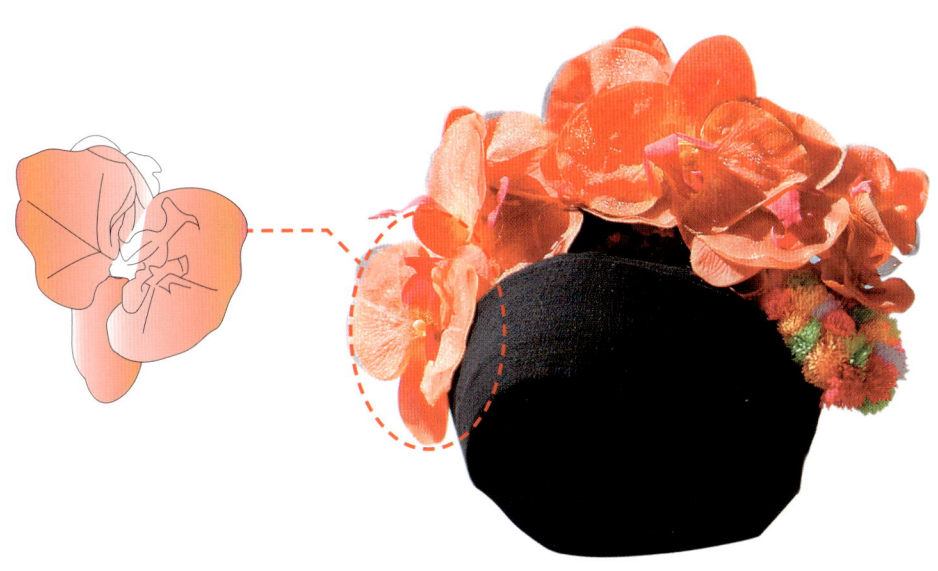

图六　布朗族头饰花卉局部特写图

第二章　布朗族传统服饰

053

布朗族耳环

图一　布朗族耳环主图

　　布朗族耳环为广泛流传于布朗族地区的一种古老手工艺品，有着非常浓郁的民族色彩。布朗族妇女喜戴大耳环，一般于重大节日庆典之时佩戴。此案例为民国时期物品，出自云南文山地域，于2008年由中央民族大学民族博物馆收藏。此物通体为银质，长约11厘米，宽约3厘米。

　　本案例之布朗族耳环可大体分为三层。上层为挂于耳孔之上的圆形耳圈，与下层相接处为向上翻折的缀饰银珠的叶形银片；中层将顶部相对的两个半圆球焊接在一起，呈沙漏形状；下层则是多串银质吊坠，吊坠中部为镂空花形，吊坠底部为中空银铃。

　　本案例之布朗族耳环，依循朴实设计手法，体现出动静相合之美。在女子佩戴之时，上端吊环体现出银饰的端庄，底部中空银铃，则可随人体的运动而随意摆动，尽显灵动。整个耳环利用银的特殊金属特性进行弯曲及焊接，不求工艺的精细奢华，只求传统的工艺美。而大量圆形元素的运用，则体现出中和之道，不浮夸亦不失其韵味。

图片来源
　　图一　周文林主编.云南少数民族图库.昆明：云南美术出版社，2002
　　图二至图五　陈浩然　制图

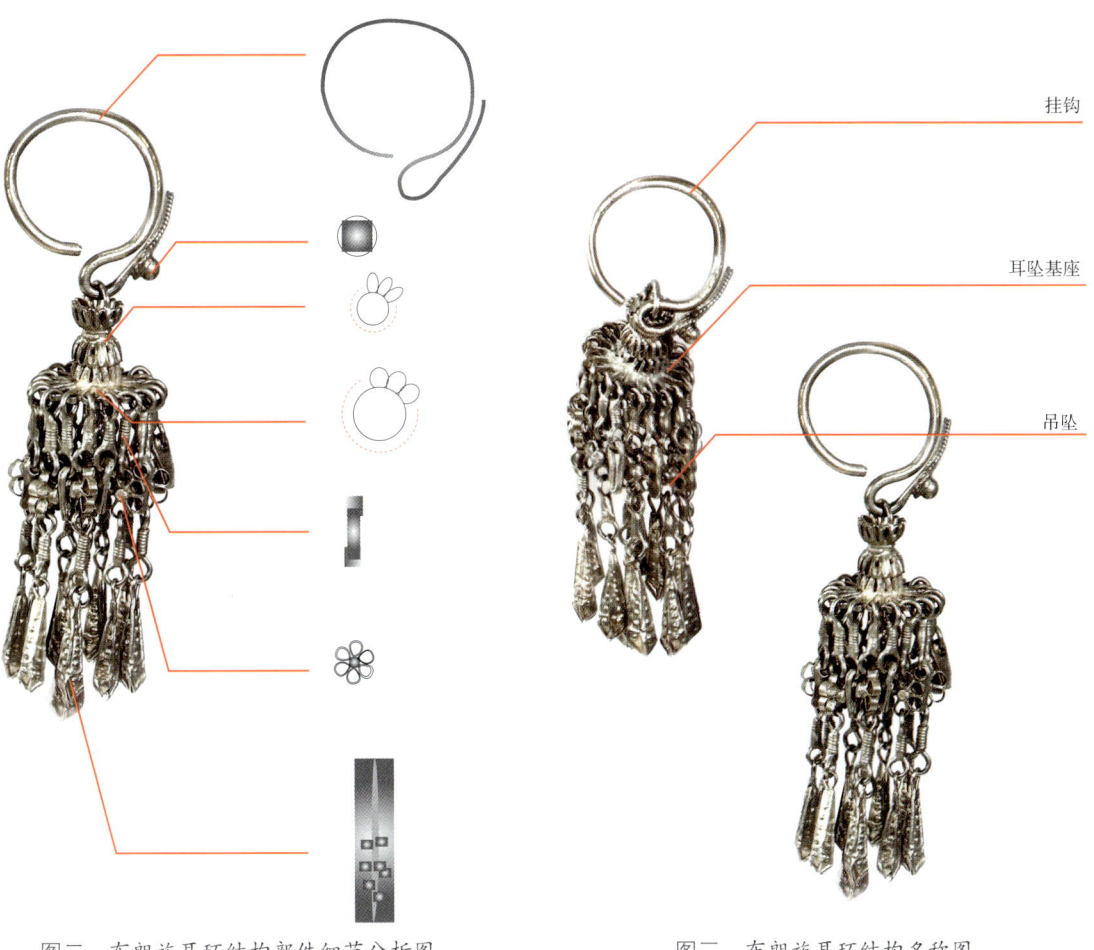

图二　布朗族耳环结构部件细节分析图

图三　布朗族耳环结构名称图

挂钩

耳坠基座

吊坠

图四　布朗族耳环尺寸图（单位：cm）

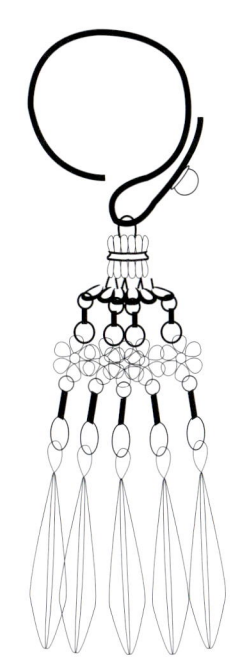

图五　布朗族耳环结构部件形态分析图

布朗族耳饰

图一　布朗族耳饰主图

耳饰即佩戴于耳朵上的饰品，古代又称珥、珰。大部分耳饰为金属制品，也有镶嵌珠玉或悬挂珠玉镶成的坠饰，或者以石头、木质，或其他相似的硬物料作为原料制作成的耳饰。耳饰造型丰富，佩戴者以妇女为主。"耳饰"佩戴的方式通常有三种：或穿挂于耳孔；或以簧片夹于耳垂；或以螺丝钉固定于耳上。

当代布朗族女子耳饰多以塑料或大理石、陶瓷等材料制成，一般与服装相配套。布朗族女子寻来一些自己喜欢的布料，拼接出各式的花样，并进行缝补加工。此案例为布朗族特色耳饰，由"黄、绿、红"等各色布片，结合色线制作而成，布片使用传统染料染制而成。其上的大面积黄色，体现出鲜活的地域情怀，提升了整个耳饰的鲜亮气息；绿色配搭着红色的线穗，体现出古朴的色彩构成，与此同时，又压制住黄色布片的浮躁感，展现出多层次的美感。

耳饰在一定程度上可显示出某种风俗、信仰、地位、财富等。布朗族女人们喜用各种饰品，其中一小部分是用来打造做嫁妆之用。本案例之耳饰，整体设计遵从自然的准则，形态源于自然花卉图案，并进行了造型的提炼。除此之外，还大胆地运用了黄、绿、红三种自然色的配搭，通过色彩的区域划分来调和各类颜色的适度搭配。

图片来源

图一　周文林主编.云南少数民族图库.昆明：云南美术出版社，2002

图二至图五　夏鹏飞　制图

图二　布朗族耳饰线描图　　　图三　布朗族耳饰色彩分析图　　　图四　布朗族耳饰佩戴示意图

银环　　　　　　　　　　　　鲜花　　　　　　　　　　　　绒线

图五　布朗族耳饰结构示意图

布朗族胸饰

图一　布朗族胸饰主图

胸饰是布朗族聚居区的一种古老手工银饰工艺品，是妇女服饰的配饰之一，多于家庭聚会或族群正规仪式上使用。

布朗族胸饰做工精细、刻画细腻、形象逼真。制作一个胸饰，大致可分为两个步骤，一为制银，二为精雕。需先将大块银砸碎，后置入坩埚炉上熔化。待银开熔，则执长柄钳，夹坩埚浇铸铜模。熔银完成后，需立即趁热开始进行反复的锻打，最终形成下料所需之粗略形状。比照预先设计好的银饰图稿，下银片，所备之银料，需略大于设计图稿，预留一定的加工余量。将粗加工的银片，反向置入砂箱之内，再使已熔的铅注入其中，待冷却即成。铅托是为固定所需加工的银片，以备下一步制作。胸饰精雕包括锤錾、錾刻、镌镂、花丝编结等，是整个工艺中最关键的步骤。所用工具为一把小锤与若干只錾子，錾头有尖、圆、平、月牙、花瓣等多种形状，可根据需要选用。加工时，一手执锤，如画家运笔一样，手心相应，雕出一组组生动有致的图案。其中的花丝编结，最为考验雕花者的细心和耐力，每一件编花饰品都是心力和体力的结晶。在需要焊接的银饰接口处沾上焊药，使用焊枪焊接。在反复捶打与烧烤过程中，银饰表面会发黑或沾上杂质。此时用火高温烤热银饰后，将其置入酸液浸泡，取出后放入清水中，再用铜刷刷洗，银饰便可洁白光亮。

布朗族胸饰由三部分组成。第一部分为圆环，钩于衣襟扣子之上，五条细银链钩于一个银币上，银币下勾连着第二部分；第二部分为五条银链，分别与三朵镂空银花相连，其中，在最上的银花两侧，各垂一个下带空心银铃的鱼形银饰；第三部分亦是银链，与上部相连，此银链为三角形双面镂空，上刻人鸟花形纹，下垂七须，缀有两个铃铛、两个空心银铃、一个耳挖、一个钩子，以及一个别针。胸饰整体长60多厘米。在佩戴时，需将其上端，扣挂于颈前或右胸上角的衣扣上，至腹部以围腰带或腰带加以固定，通过亮闪的银饰品，配搭于以红、黑颜色为主的民族服饰之上，作点缀之用。此物以原始的质地，散发出强烈的美丽观感。此胸饰的设计，秉承着对称的设计手法，造型上将线形、圆形、三角形，依据主次之分，加以区别布局；整体设计动线较为流畅，具有厚重之感，与其佩戴的场合氛围和谐相融。此物在整体设计中，既考虑了服饰的配搭，又考虑了场合运用之需，将器物之美与器物之用做了巧妙而完美的结合。

图片来源

图一　周文林主编.云南少数民族图库.昆明：云南美术出版社，2002

图二至图七　陈浩然　制图

图二　布朗族胸饰尺寸图（单位：cm）

图三　布朗族胸饰结构名称图

图四　布朗族胸饰结构分析图

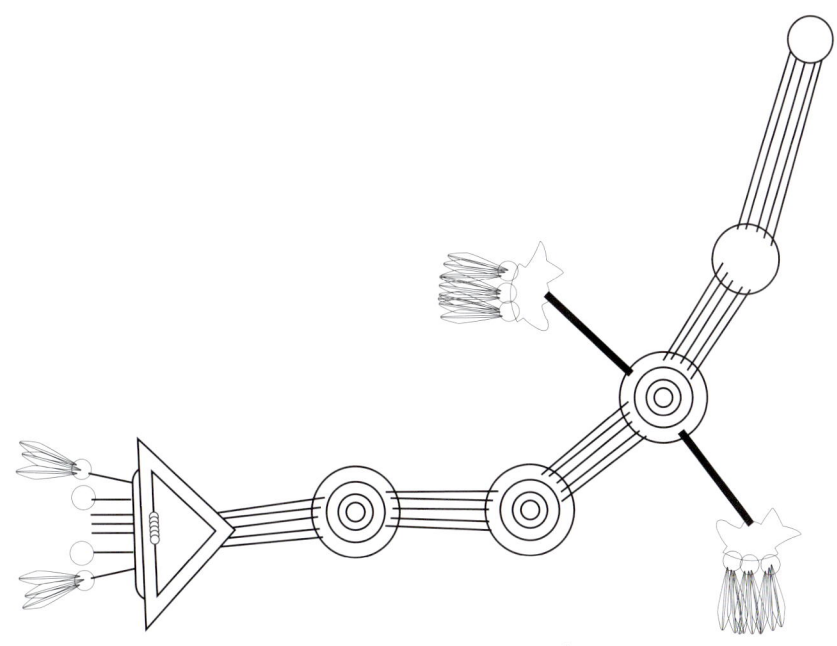

图五 布朗族胸饰结构线性分析图

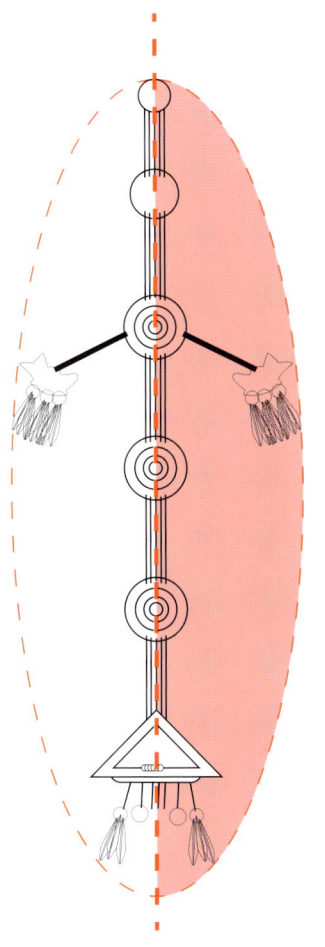

图六 布朗族胸饰结构布局分析示意图

图七 布朗族胸饰佩戴示意图

布朗族妇女臂饰

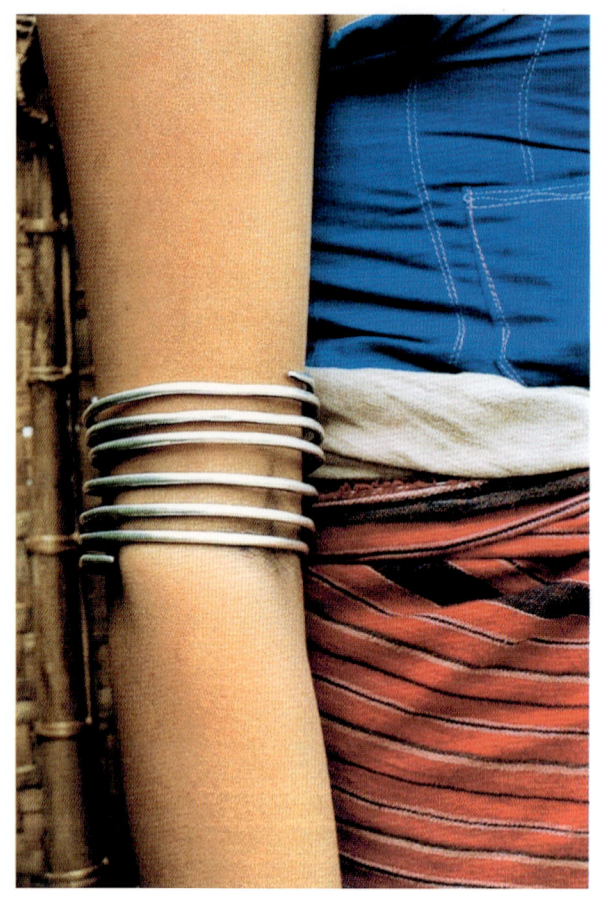

图一　布朗族妇女臂饰主图

"臂饰"为广泛流传于布朗族聚居区的一种古老手工工艺品。布朗族妇女喜戴臂饰，特别是年轻女子，垂青于缤纷艳丽的头饰、发饰、肩帔和镯链。除此之外，未成年儿童也会佩挂一些银锁片、银项圈等。

银"臂饰"的制作，需经熔银、锻打、下料、做铅托、雕花、焊接、清洗等工艺流程。具体制作方法和步骤和布朗族制作胸饰等银饰基本一样，前文已有描写，不再赘述。

布朗族臂饰之美，美在慢工精巧的熔铸方法，美在千姿百态的臂饰款式。布朗族臂饰具有本民族的民俗文化特色，它不仅以千姿百态的造型款式标志着不同的形象特征，而且也体现着布朗族人执着于对美丽与艺术的追求，以及其心灵手巧的民族特性。

图片来源
图一　周文林主编.云南少数民族图库.昆明：云南美术出版社，2002
图二至图八　夏鹏飞　制图

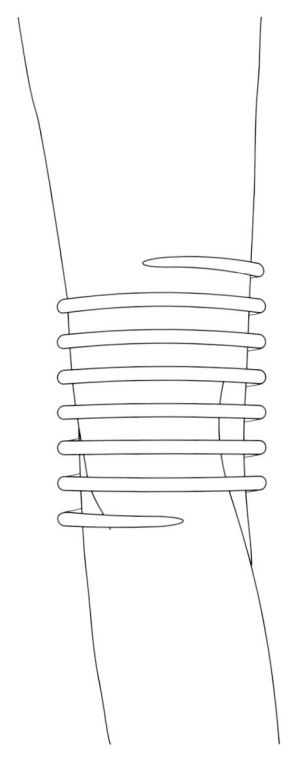
图二 布朗族妇女臂饰线描图

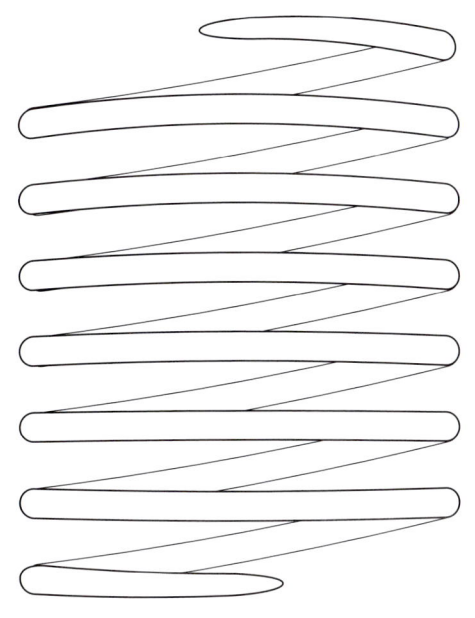
图三 布朗族妇女臂饰平面示意图

图四 布朗族妇女臂饰制作方式示意图

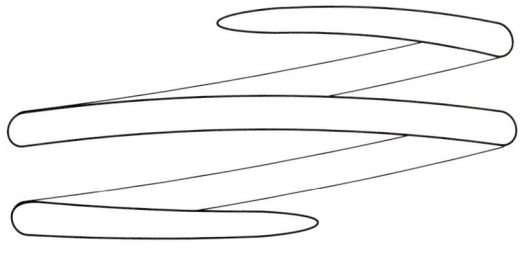
图五 布朗族妇女臂饰局部示意图

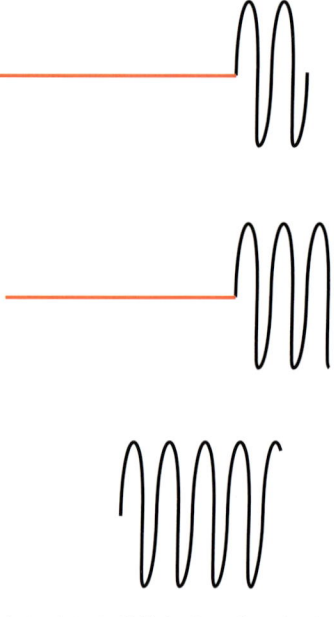

图六 布朗族妇女臂饰扭曲延展示意图

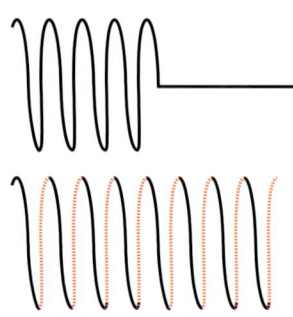

图七 布朗族妇女臂饰弯曲示意图

图八 布朗族妇女臂饰佩戴示意图

布朗族缠丝银手镯

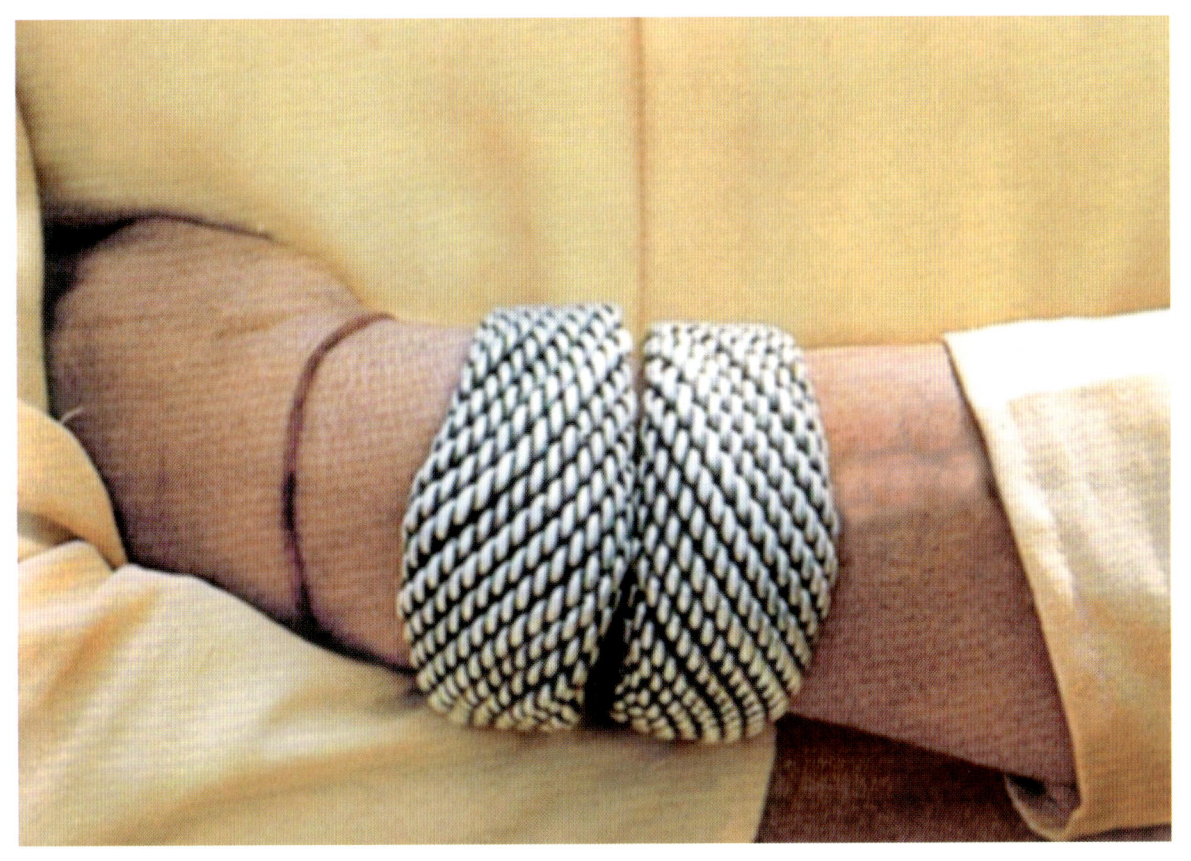

图一　布朗族缠丝银手镯主图

　　缠丝银手镯是布朗族地区男性佩戴的一种古老银饰物。定式弯曲的圈环，体现出阳刚之气，环环相接的圈环，又彰显出一定的柔和美感。此物佩戴于男子的手腕之上，刚柔并济之相油然而生。

　　缠丝银手镯以银条为材，采用七孔线板、扭丝固定夹、虎钳、钳子等工具。制作过程如下：将6根拉好的银丝剪成同等长度。将银丝分别穿入线板的6个圆孔中，正中一孔穿入钢棒，以便银丝沿其缠绕，并以绳索绑紧。在线板的后面，以扭丝固定夹固定，并将大线板固定在虎钳上，使银丝穿过大线板。手握扭丝固定夹，顺时针方向用力拧紧银丝，在拧的过程中，尽量保持银丝间无缝隙。取下扭好的银丝与中间的钢棒，将银丝弯成圆形。将银丝的两头打磨平整，焊接成圆形银片，如此即完成了缠丝银手镯的制作。传统手工制作较为费力，须用钳子将银丝绕于钢棒，并逐根拧紧。采用自制的七孔线板与扭丝固定夹，便可使过程变得轻松快捷，很大程度上提高工作效率。

　　整个缠丝手镯的造型简约却不简单，

极具饱满度、柔美度。外轮廓的曲线、圆弧的环形具有独特的亲和力和佩戴的舒适度考量。造型形态张弛、收放自如。布朗人善于以物寓情，认为佩戴银手镯寓意着与健康富贵相伴。此案例将男性的阳刚气质融入设计之中，很好地保留和彰显了民族文化元素，不失为一件具有深刻情怀的饰品设计佳作。

图片来源

图一　周文林主编.云南少数民族图库.昆明：云南美术出版社，2002

图二至图五　夏鹏飞　制图

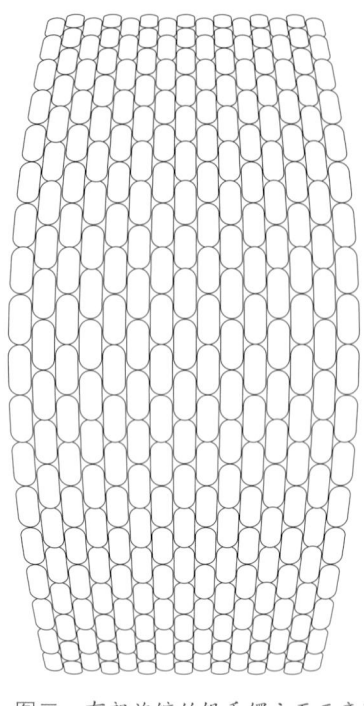

图二　布朗族缠丝银手镯立面示意图

图三　布朗族缠丝银手镯侧面示意图

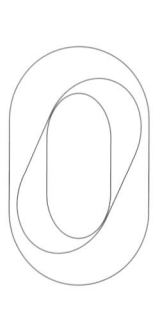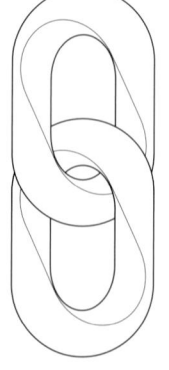

图四　布朗族缠丝银手镯局部链接示意图

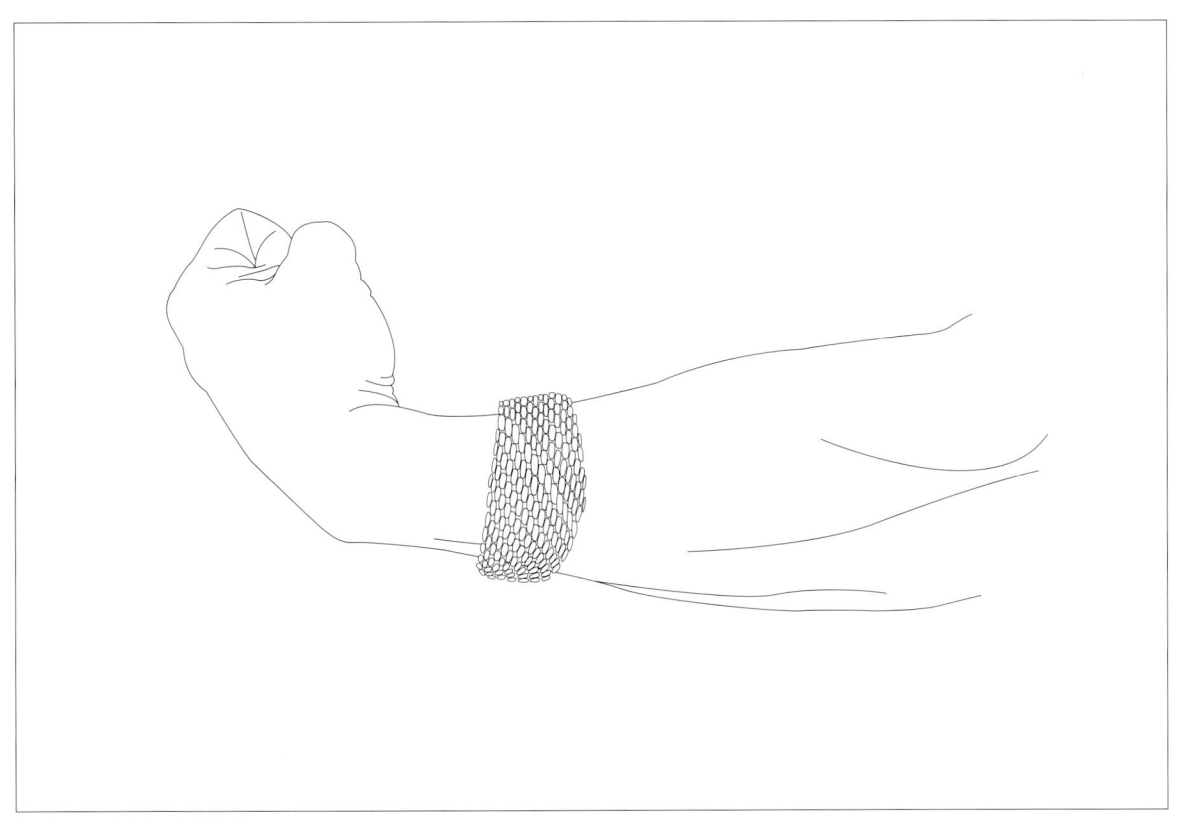

图五　布朗族缠丝银手镯佩戴效果图

布朗族银手镯

图一　布朗族银手镯主图

银手镯是布朗族妇女极为喜爱佩戴的一种古老手工工艺品，极具布朗族的民族特点。

制作银手镯的过程较为简单，需先将大块银砸碎，后置入坩埚炉上熔化。待银开熔，则执长柄钳，夹坩埚浇铸铜模；熔银完成后，需立即趁热开始多次反复的锻打，最终形成下料所需之初略形状；比照预先设计好的银饰图稿下银片，所备之银料，需略大于设计图稿，预留一定的加工余量；将粗加工的银片，反向置入砂箱之内，再使已熔的铅注入其中，待冷却即成。铅托是为固定所需加工的银片。用小锤与錾子在银片上雕刻出不同形状的图案。其次，在需要焊接的银饰接口处，使用焊枪熔接焊接成银手镯的形状；最后把银手镯置入酸液浸泡，取出后再放入清水中，使用铜刷刷洗发黑的表面和沾着的杂质，此时一个洁白光亮的银手镯成品诞生。

布朗族银饰艺术，作为一种记录布朗族社会历史、经济文化以及风俗习惯的标志，展示着布朗族社会丰富的观念意识。每逢大集，布朗族妇女与孩子，都会佩戴上各种带有浓郁的本民族特色的饰品。在这些饰品中，银饰很明显地占据着主导地位。

图片来源

图一　周文林主编.云南少数民族图库.昆明：云南美术出版社，2002

图二至图六　夏鹏飞　制图

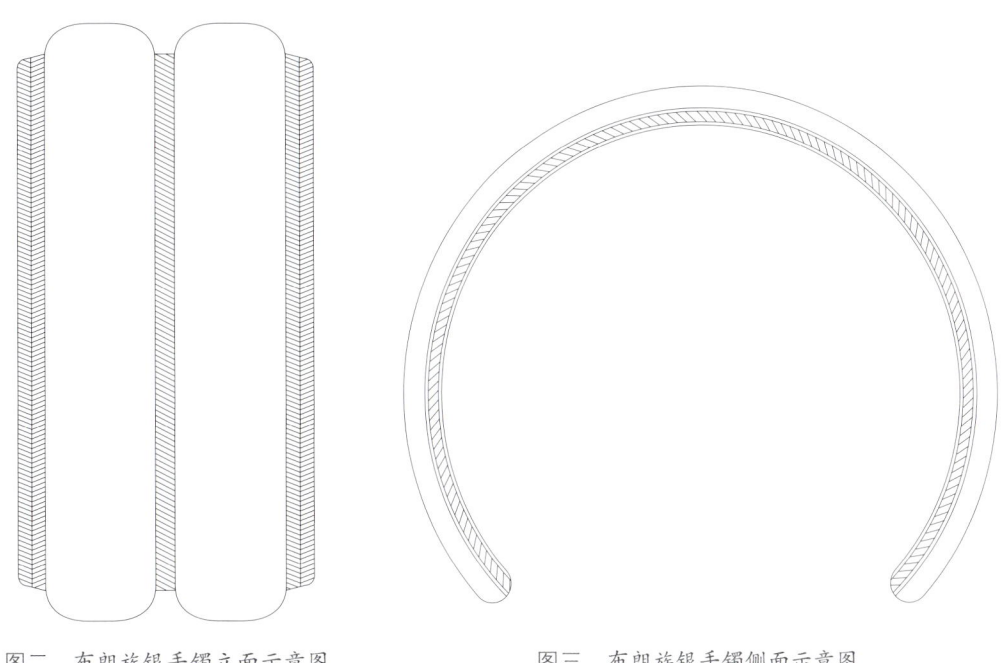

图二　布朗族银手镯立面示意图　　　　图三　布朗族银手镯侧面示意图

图四　布朗族银手镯纹饰细节分析图

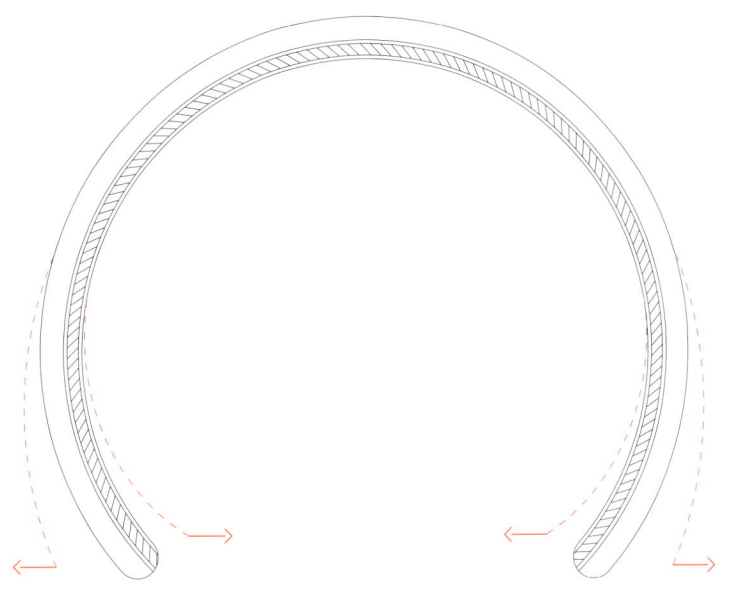

图五　布朗族银手镯局部拉伸示意图

第二章　布朗族传统服饰

069

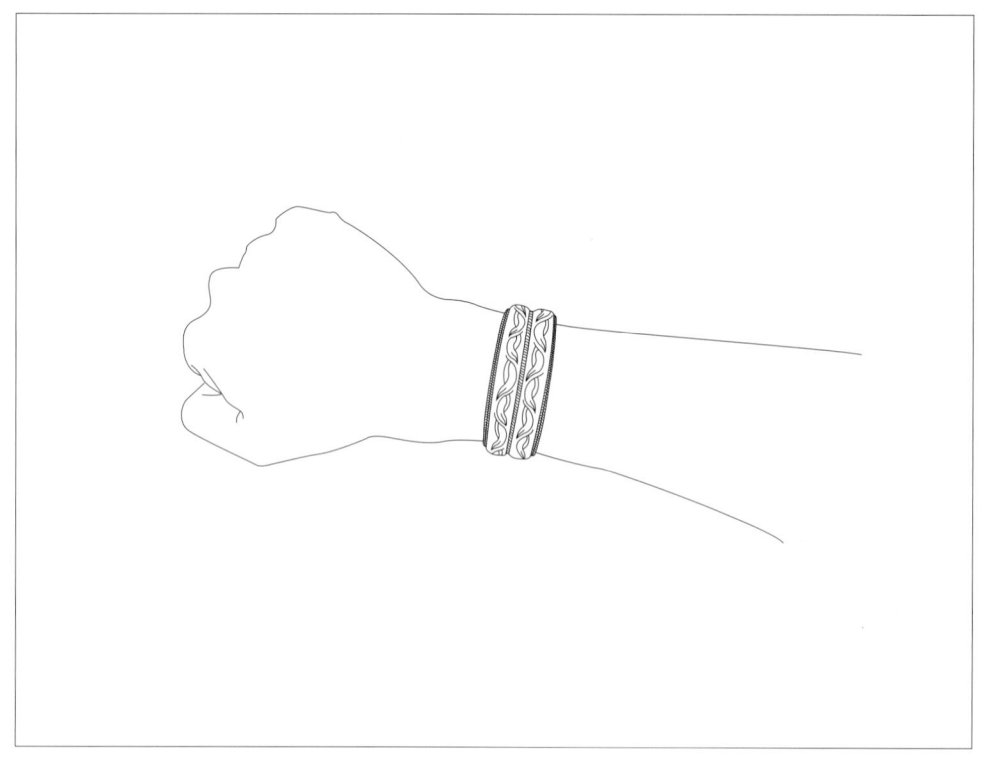

图六　布朗族银手镯佩戴效果图

第三章 布朗族传统餐饮

布朗族包烧鲜鱼

图一　布朗族包烧鲜鱼主图

"包烧鲜鱼"为一道极具布朗族特色的风味名菜。此菜以芭蕉叶包裹鲜鱼并密封于竹筒之中进行焐烧,使鲜鱼的本味与调料的原香,通过包烧的形式达成融合。

此菜之主材取自云南当地的鲜鱼。制作方法大致如下:首先剖开并洗净鲜鱼,在其腹内置入切细并加以拌匀的姜、芫荽、辣椒、野花椒等各种配料。此法可将配料的味道充分渗透至鱼的体内,使鲜鱼由内至外散发出香味。其中,姜可避除鱼之腥味;芫荽可激发鱼之鲜香;辣椒可驱寒祛湿,增添鲜鱼味道的层次;野花椒则可在祛湿的基础上,丰富鲜鱼的味感,激发人体的味蕾。配合以上四种香辛调料进行腌制,与鲜鱼之原味相融相合,使鱼肉之味道更具层次感。此外,于鱼身涂抹少许食盐,在调味之外,能使鱼体肉质更加紧致,更好地锁住鲜鱼的营养成分。腌制完成后,则用新鲜芭蕉叶,将鱼包裹严实,再密封于竹筒之中,置入火塘内,由炭火焐烧,至熟即可食用。焐烧的方法既可使整个鱼体受热均匀,还能有效延长包烧鲜鱼的烹调时间,使配料、芭蕉叶,以及竹筒的香味能渐渐渗入鱼肉之内，提升味道之层次感。

此菜的前期处理，即调料置入鱼腹，于鱼体抹盐，使芭蕉叶、竹筒包裹，为提升鱼之美味，可谓做足了功夫，反映出布朗族人调制食物之精髓。从烹制工艺上，采用焐烧的方式，既保证了鱼体受热温度的均匀，又合理延长了烹调的时间，确保了调料得到充分的渗透，体现出布朗族人对于美食烹调的深刻理解。

图片来源
图一至图五　邹茜　摄影
图六　邹茜　制图

图二　布朗族包烧鲜鱼破腹清理实物图

图三　布朗族包烧鲜鱼腌制工艺实物图

图四　布朗族包烧鲜鱼芭蕉叶包裹方式

图五　布朗族焙烧炭火示意图

图六　布朗族包烧鲜鱼受热示意图

布朗式酸菜

图一　布朗式酸菜主图

　　布朗式酸菜为布朗族人极为喜爱的特色菜肴，布朗族人每餐无酸不食。酸菜既可驱寒湿之气，又可促进食欲，食酸心爽眼亮、助消化，有消暑解热之功效。酸菜对于物资贫瘠的布朗族地区，无疑是一道既价廉物美，又有养生功效的极品下饭菜。而蔬菜的酸化处理，又可延长蔬菜的食用期限，确保在新鲜蔬菜较少的季节，获取适当的植物维生素。

　　布朗式酸菜的选材，以自种的新鲜青菜为主。其制作过程大体如下：首先将采集回来的新鲜青菜洗净，并挑选出上好的部分，置于户外自然烘干晒制，经5—7天形成青菜干。然后将青菜干用水洗净，放入沸水中烹煮8—10分钟，此法为回软与杀青处理，具有杀菌及抑制过度发酵的作用。待其煮透后拿出，等待30分钟，再将青菜置入器皿中，并倒入适量具有催化分解、酸化作用的木瓜汁，等待2—3天后使其味道变酸。与此同时，在腌制中的酸菜上方放置一层米饭，利用米饭作为天然酵母，促进酸菜的发酵。最后将器皿密封，形成密闭的发酵空间进行发酵制酸，避免外部空气对酸菜的口感造成影响。再经30—40天的等待，"布朗式酸菜"即制作完成。

　　布朗族的饮食文化中，以"酸"为美味之冠，他们还用酸菜制成酸扒菜、酸笋鱼、酸木瓜煮牛肉、酸菜煮豆腐等美味可口的佳肴。没有"酸"味，布朗人是吃不香睡不好的。布朗族自古便有嗜酸的饮食习惯，究其原因，大体如下：其一，布朗族多聚居于潮湿的山区之中，酸味食物的选择可以辅助布朗族人排除体内湿气，预防疾病；其二，布朗族维系着自给自足的群居生活，为了延长食物的保质食用期，针对部分食物采用独特的酸化处理工艺，从而有效地保证食物的供给。其三，布朗族对于食物的酸化处理，均采用自然发酵的传统方式，天然而无害，保持了本真的食物保质工艺。五味之一——酸，被布朗族人运用得淋漓尽致，体现了布朗族人因地制宜的、独具地域特点的烹饪技法，及善于运用自然材料的传统智慧。

图片来源
图一　邹茜　摄影
图二　岩勐　摄影
图三至图五　夏鹏飞　制图

图二　布朗族晒干青菜实物图

图三　布朗族青菜杀青示意图

图四　布朗族木瓜汁调味示意图

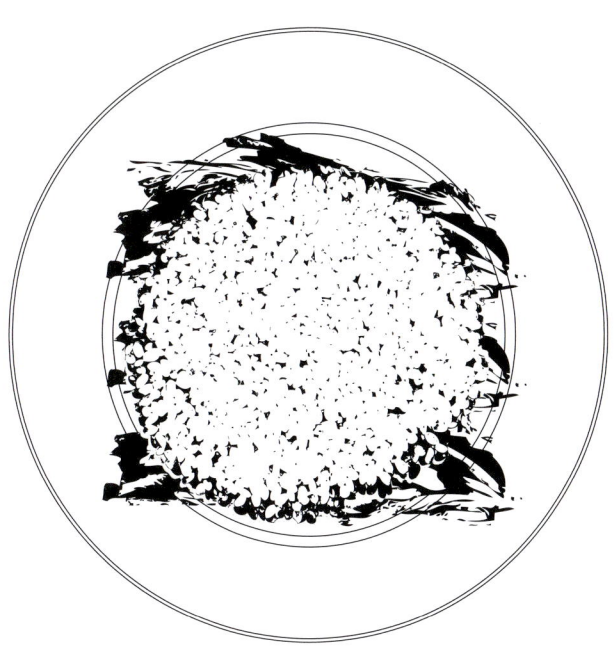

图五　布朗族米饭助酵示意图

第三章　布朗族传统餐饮

布朗族槟榔盒

图一 布朗族槟榔盒主图（1）

咀嚼槟榔为布朗族人极为喜爱的日常饮食行为，在意识活动中长期孕育形成共同的价值观念、审美情趣。由此，槟榔文化则体现在各类具有吉祥意愿的槟榔盒。本案例为布朗族人日常使用的槟榔盒，通体为银质，呈圆盒型。

本案例之槟榔盒分为盒身、盒盖上下两部分，采用穿插的形式，组合为一个密闭的空间，作盛放槟榔之用。盖体穿插的尺寸测算精准，可有效避免槟榔的味道消散以及氧化。由于槟榔盒在除去盛放功能之外，还是族人祈福所用之物件，所以，此物器形设计较为简单，却在表面的装饰上费尽心思。器物通体装饰采用錾刻工艺，纹饰图样以盖体圆心为中心，呈圆周形式发散布局，图样的造型繁复差异，形成了粗细间隔、层次丰富的纹样线条。在线条的运用上，既有刚健型的粗纹，又有柔美回旋型的曲纹，纹样的主题则以鱼纹、稻穗纹为主，寓意着五谷丰登。另外，其间还点缀有类似水波纹的图案形式，有风调雨顺之意。

槟榔盒的造型古朴简约，其设计核心在于对传统原始祈福文化的传达，是布朗族生活器物中极富祈福色彩、原始传统的承载物。它的设计不在于功用本身，而在于传统民间祈望的根本，是原始部落民族最本真思想的表达载体。

图片来源

图一至图三 岩勐 摄影
图四至图六 夏鹏飞 制图

图二 布朗族槟榔盒主图（2）

图三 布朗族槟榔盒局部特写图

第三章 布朗族传统餐饮

图四　布朗族槟榔盒纹样线描图

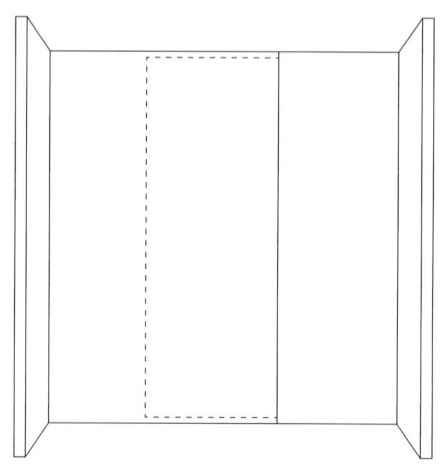

图五　布朗族槟榔盒插合方式示意图

图六　布朗族槟榔盒结构分析图

布朗族蝉酱

图一 布朗族蝉酱主图

蝉酱是一道极具布朗族特色的风味名菜，味美鲜香且营养丰富。常食蝉酱，有清热解毒、去痛化肿等保健功效。

蝉酱的制作方法简单、安全且健康。制作蝉酱，是以蝉作为主要原料。一般都选在入夏以后，由年轻的姑娘来捕捉成蝉。到黄昏时候，布朗族姑娘会成群结伙去踏山，白天飞累了的蝉就会落到地上，姑娘们便可趁机捕捉。待捕到一定数量之后，回家将蝉用沸水烫死，去羽、去脚之后，放入小笼屉内蒸熟，然后捣碎，拌以适量的糊辣椒粉、姜末、蒜泥、野花椒粉、芫荽等，做成与沿海渔民食用的虾酱一样的蝉酱，即可食用。

布朗族人对于蝉酱的发明与创造经过了上千年的锤炼和发展，制作工艺精细，用料讲究，独具特色；不仅体现出布朗族人对昆虫习性的了解和烹调工艺的娴熟，更体现出布朗族人因地制宜的食用习惯，以及善于运用自然材料的优秀传统智慧。

图片来源

图一至图三 陈浩然 摄影
图四 陈浩然 制图
图五 岩勐 摄影

图二 蝉实物图　　　　　　图三 蝉去翅脚图

图四 布朗族蝉酱蒸蝉示意图

图五 布朗族蝉酱调味示意图

布朗族舂茄子

图一　布朗族舂茄子主图

春茄子为极具布朗族特色的一道地方名菜。菜品口感咸鲜、滑润爽口、清鲜味美，凉食及热食均可，是佐餐下饭的一道好菜。

舂茄子的制作工艺简单便捷，主要食材取自自种的蔬菜、茄子及辣椒。茄子属于茄科家族中的一员，是为数不多的紫色蔬菜之一，也是布朗族人餐桌上十分常见的家常蔬菜。茄子能预防和治疗多种疾病，具有很高的药用价值，是一种老少皆宜的食物。在夏季炎热的布朗族聚居区，食用茄子可清热解暑。又因大部分营养存在于茄子皮中，所以布朗族人在舂茄子的制作过程中保留茄皮，这体现出布朗族人对于自然蔬菜营养价值的熟悉。

制作工序大体如下：先将清洗好的茄子、辣椒置于火塘中焙烤，待表皮焦黄，去除大部分的水分之后，放入铁制舂臼中进行捣碎处理，同时加入盐、香料等各类调味品进行调制。

布朗族的饮食别具民族特色，是布朗族物质文化的重要组成部分。此案例的处理手法，处处体现出取食自然的理念和追求自然的饮食规律；制作手法则体现了布朗族人的合理化设计，以及对于美食烹调的深刻理解。由此可见，布朗族人有着非常本真的烹调意识，懂得最美味的佳肴是食材本身散发出的原汁美味，其烹调理念是民族美食文化的根源。

图片来源
图一至图六　岩勐　摄影

图二　布朗族舂茄子烘焙的主材料（1）

图三　布朗族舂茄子烘焙的主材料（2）

图四 布朗族舂茄子主材料的初期处理

图五 布朗族舂茄子调味材料的处理

图六 布朗族舂茄子主材料的后期处理

布朗族翡翠酒

图一　布朗族翡翠酒主图

布朗族人喜饮酒，酒多为自家酿制，其中以"翡翠酒"最为出名。此酒于出酒之时，需用一种植物的叶子进行过滤处理，之后呈现如翡翠一般的绿色，"翡翠酒"因而得名。

制作"翡翠酒"，主要选取布朗族当地的糯米、大米等粮食作物作为原料。先将糯米筛去细糠，留下粗糠与米，用清水浸泡主材，确保米的含水量达到饱和，便于后期蒸煮过程中易于蒸透。待主材浸泡好之后，使大锅蒸煮15—20分钟，促进米中淀粉快速糖化。接下来，将蒸煮好的食材，倒入不渗水的盆、罐、桶等容器当中，待其凉透后，再撒甜酒曲，并淋少许凉水，搅拌均匀，置于暖干燥处。甜酒曲中含有大量的霉和酵母菌，在适于菌群生长的环境中，通过甜酒曲中微生物的代谢作用，将米中的淀粉充分分解为糖，再将糖转化为酒精。如在夏季制作，待1—2天后即可生成甜白酒；如在冬季制作，则需约3—5天。在出酒时，使用一种叫做"悬钩子"的植物叶片，将糟与汁滤开，酒色即呈透明清亮的如同翡翠一般的颜色，如此香甜的"翡翠酒"便制作完成了。

布朗族人性格豪爽，又极为好客，自古

便有饮酒的习惯，常于家中宴请好友饮酒，且"有酒必饮，饮酒必醉"。究其缘由，或因布朗族人多聚居潮湿山区之中，饮酒不仅能够维系族内自给自足的群居生活，促进和谐，还能起到除去湿气、预防疾病等药用功效。布朗族酿酒，均采用自然发酵的天然而无害的传统方式，保持了最本真的食物保质工艺。而运用悬钩子作为过滤网，则体现了当地布朗族人善于就地取材的特点，也证明了布朗族人善于运用自然材料、变物为宝的伟大智慧。

图片来源
图一至图五　马强　摄影、制图

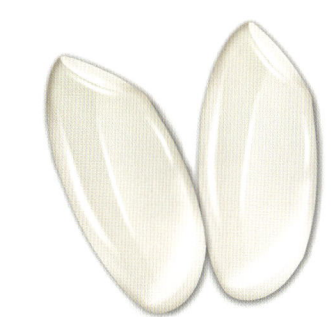

图二　糯米实物图

图四　布朗族翡翠酒酿酒泡、煮、蒸步骤实物图

图三　"悬钩子"实物图

图五　布朗族翡翠酒成酒示意图

布朗族骨头糁

图一　布朗族骨头糁主图

"骨头糁"为一道极具布朗族特色的风味肉菜，是以瓜叶包裹猪骨肉，入罐发酵而成。此菜常腌于冬末，食于开春，贮藏数月而不变其味，入口鲜美麻辣且酒香甜润。

制作一份"骨头糁"，需择选上等猪脊骨作为主要材料，以猪肋骨辅之，并添适量的盐、草果末、花椒末、干辣椒末作为调料。制作方法大体如下：将洗净的猪脊骨、猪肋骨置于墩上，执刀先使刀背将其捶碎，后使刀锋剁其成泥。入盆，再将盐、白酒等调料置入，拌匀入味，腌制3至5天。待腌制完毕之后，再取洗净之瓜叶，先放入沸锅之中焯水，取出后晾干，并逐个包入肉骨泥，装进陶罐之中，加盖密封，再置于阴凉通风处，腌制半月即成。此菜品炒、蒸、煮均可。

骨头糁充分地体现出布朗族"因时而食"的传统饮食观念，即依循自然气候的特性调配食物的烹调时机，以便强化食物的最佳烹制状态。与此同时，它的制作与创造，无论是在佐料、包材的选择使用上，循序渐进的烹制工艺上，还是加盖密封的腌制方法上，都能充分地体现出千百年来布朗族人烹调手法的智慧结晶，以及他们对于美好生活与美味佳肴的不懈追求。

图片来源

图一至图四 邹茜 摄影
图五 邹茜 制图

图二 带肉猪肋骨实物图

图三 骨肉泥实物图

图四 焯水瓜叶包裹实物图

图五 陶罐储存示意图

布朗族酒坛

图一　布朗族酒坛主图

酒坛主要由陶坛和竹篓两个部分组成。其中，陶坛是由土陶制作，经过低温烧制而成。器形为上下收分，中部外扩，此形可增加坛体的容量。坛口采用双层的结构形式，内口上小下大，外口阔沿，如此设计，则大阔碗正好能倒扣于内口之上，以保证坛体内部的密合性。在内口与外口之间，有一个半封闭的腔体，注水其内，可确保整个坛体与空气的完全隔绝，使酒在其中密闭发酵，不受任何外界因素的影响。因为酒坛的容量较大，一般可满足多人同时享用。为方便短途运输，特意制作了相匹配的竹篓。竹篓是依据陶坛的形态，进行贴合式编制而成，严密包裹坛体本身，竹篓上端设有两个承重效果较好的提耳，方便搬抬。

酒坛，顾名思义是一种盛放酒品的容器。本案例之酒坛是布朗族人用于分食当地特有米酒的主要容器，一般在婚庆礼仪等重要仪式时取出使用。

酒坛的功用虽仅限于盛酒，但布朗族人的酒坛无论是器形大小，还是构件设计，均是为了满足能与多位族人一起分享自家酿制的美酒，体现了族人对于分食共享的美好观念，以及注重全族大团结的美好愿望，体现出一种爱自己、爱家人、爱整个族群的大爱思想。简单的器形设计，更能体现出布朗族人大公无私、全族团结的群居生活状态。

图片来源
图一　岩勐　摄影
图二至图四　夏鹏飞　制图

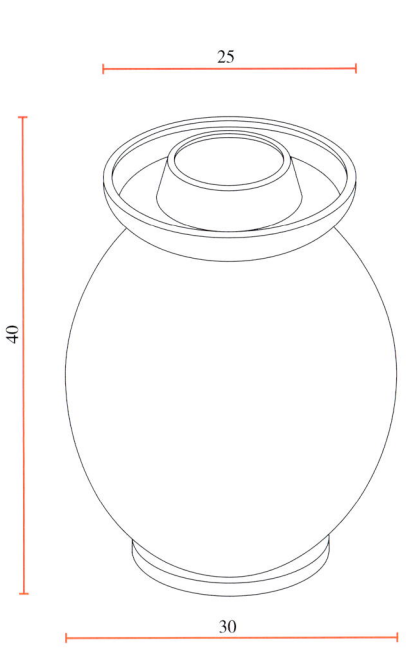

图二 布朗族酒坛尺寸图（单位：cm）

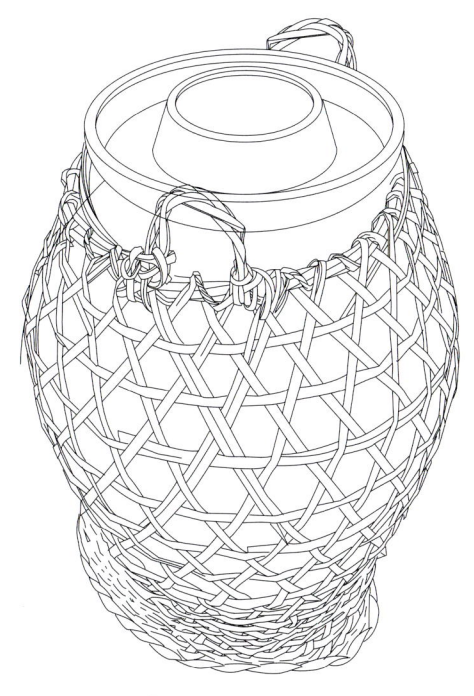

图三 布朗族酒坛线描图

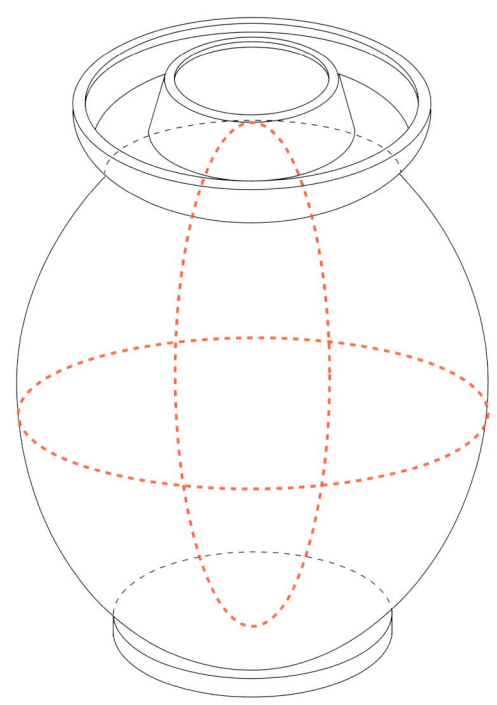

图四 布朗族酒坛腔体示意图

布朗族烤肉

图一　布朗族烤肉主图

烤制食物是每个民族都有传延的，它代表着火的运用进入了人类的生活文明。烤肉是布朗族烹调熟食的一种原始方式。布朗族有"不吃烤肉，不算尝过肉香"的说法。而本案例之布朗族烤肉，崇尚着最原始、最本真的烤制形式，一切的原材料均就地选取，既便捷又实用。

布朗族烤肉的工序极其简易，先选农家土养家猪肥瘦相间的五花肉，既有瘦肉的嚼劲及韧性，又有肥肉的鲜香。在烧烤过程中，肥肉烤制出油脂，包裹瘦肉，不仅可防瘦肉焦黑、口感发柴，又可增进肉之本身的烧烤温度。烤制的支架则选用成年竹材，将适宜长度的竹片部分剖开，一端开叉，形成一个竹夹，将五花肉依次夹入其中，开叉端再用麻绳捆扎固定。主材准备完毕后，在其表面撒上盐巴、胡椒及各类香料粉末。此法不仅可保留猪肉本身的原汁原味，更能进一步带出猪肉的鲜香。最后，将猪肉置于火塘上炙烤，燃料均为当地木材，既有熊熊燃烧的明火，快速收紧肉中的汁水；又有木灰闷烧产生的高温烘烤，缓速地烘制肉之里外。

在烤肉过程中还需不断翻动肉块，以确保每一面受热均匀，同时依据口味不停地散撒调料，以确保味道的层次感。

布朗族烤肉的方式及味道的调配均最为原始，但其选用土养的家猪是其精髓所在，因为原生态的食材是美味的根源。简单的竹夹制作，既达成事半功倍的效果，又体现出布朗族人对于竹材特性的了解。明火烧制及闷火烘制，两种烧烤方式的兼用，是历代布朗族人对于火的深度认知的体现，是原始经验积累的产物。从深层次看，布朗族烤肉是其族人思想智慧的体现，只有在深思熟虑的思考之下，才能促成一种烹调方式的出现及变革。

图片来源

图一至图六　岩勐　摄影

图二　布朗族烤肉原料前期处理

图三　布朗族烤肉竹材夹肉

图四　布朗族烤肉绑扎竹夹

图五　布朗族烤肉湿抹调料

图六　布朗族烤肉火塘烧烤

布朗族卵石鲜鱼汤

图一　布朗族卵石鲜鱼汤主图

"卵石鲜鱼汤"为极具布朗族特色的一道风味名菜。此汤不仅尽留鱼之鲜味，又融入烧石的干香，品来着实别有风味。此汤有一个传说，说是一位渔民于野外捕到鲜鱼之后，既馋又饿，灵机一动就想出这个聪明快捷的烹鱼办法。

卵石鲜鱼汤的制作可于河边就地取材，需一条新鲜活鱼与若干河中卵石。制作方法大体如下：先除去鲜鱼之内脏，放入清水中洗净，将之置入锅中，并加入清水。于河边选取十个左右的卵石，洗净后放入火塘中烧制，约50分钟后，再将烧红的卵石一个接一个地，投入盛有清水与鲜鱼的锅内，利用卵石内储存的热量，直接对鲜鱼与清水加热。待水沸腾之后，可适量倒入盐块，进行搅拌，如此便制成了"卵石鲜鱼汤"。

"卵石鲜鱼汤"的主材，皆取自大山与溪水之中，布朗族人利用卵石的储热功能直接烹饪鲜鱼，展现了其原生态的烹调观念，体现了他们靠山吃山、靠水吃水的传统生活理念。

图片来源
图一至图四　邹茜　摄影

图二　布朗族卵石鲜鱼汤制作材料实物图

图三　布朗族芭蕉叶锅实物图

图四　烧红石头实物图

布朗族木勺

图一 布朗族木勺主图

木勺为布朗族饮食器具之一，主要用于盛舀液体。其型简易实用，通体为木质，因取材差异化，尺寸无固定，仅依据个人需要自行选取。

本案例之木勺，选用硬质木材，由整木切削而成，此法可合理利用木材本身的硬度，降低材质穿插的加工难度。木勺可大致分为舀勺与勺柄两个部分。其中，舀勺为半圆形，上下直径大致相同，此形可增加舀勺的盛物容量；勺柄的器型，则为下细上粗的弧形条柄，柄头的上部，被切削成具有连续性特征的间隔统一的齿状凹槽，此法可增强防滑系数，利于人手的把持。粗壮的造型正好符合手掌虎口的抓握，棱角边缘采用圆弧的切削处理，更可增进把持的舒适度。

此案例的造型极为简约，摒弃了一切装饰性构建，唯以操持功能为用。器型整体的弧线设计既满足了从较深的容器中舀取物品的需要，又与人体的手掌相匹配。此种设计无关人体工程学方面的深度分析，仅是凭借在实际的器物应用中，不断总结出的经验，并经过更新消化，使器物的造型结构达到最行之有效的使用需求。从根本上来看，布朗族人对于生活器物的设计已经历了一段实用摸索阶段，并不断地融入改进器物的设计原则，不以固定的思维模式去设计及制作器物，而是时刻抱着便民、节省工时的加工制作理念，并以此调整生活器物的造型，体现出一种时时求新求变的设计思维。

图片来源
图一　岩勐　摄影
图二至图六　夏鹏飞　制图

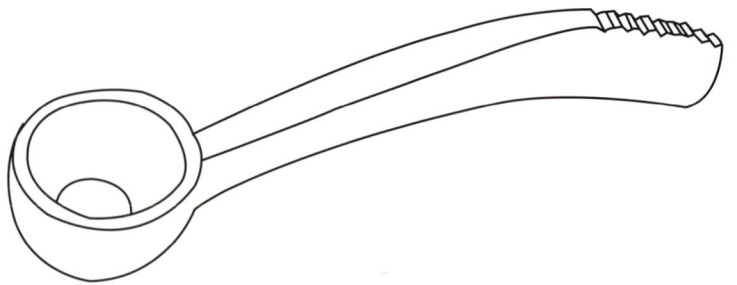

图二 布朗族木勺线描图

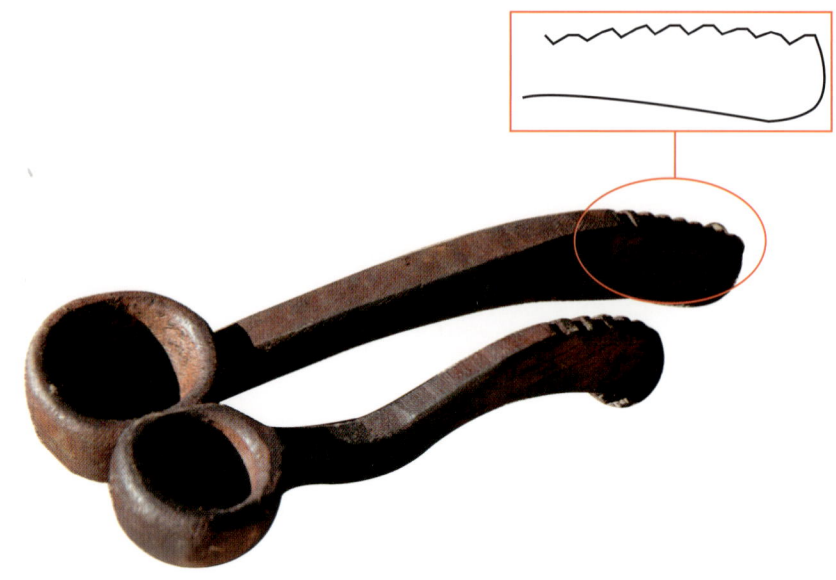

图三 布朗族木勺手柄细部图

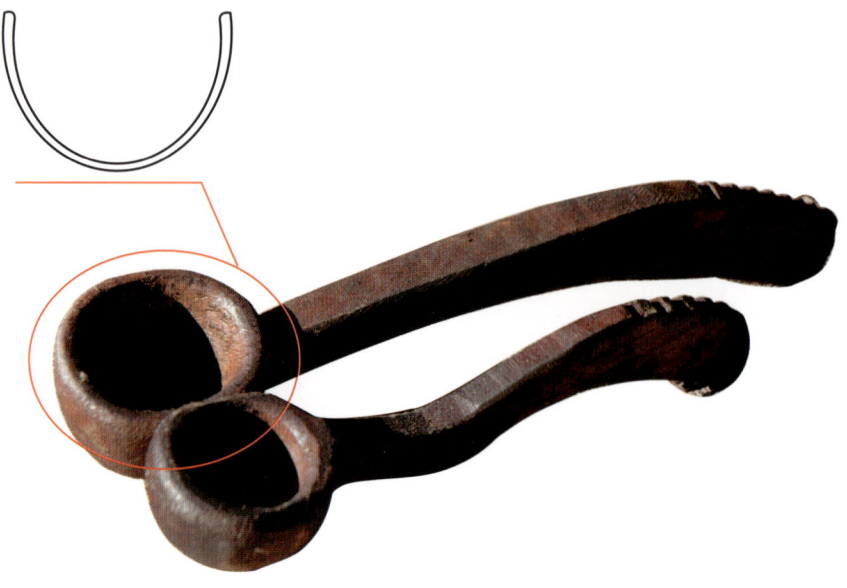

图四 布朗族木勺勺腔细部图

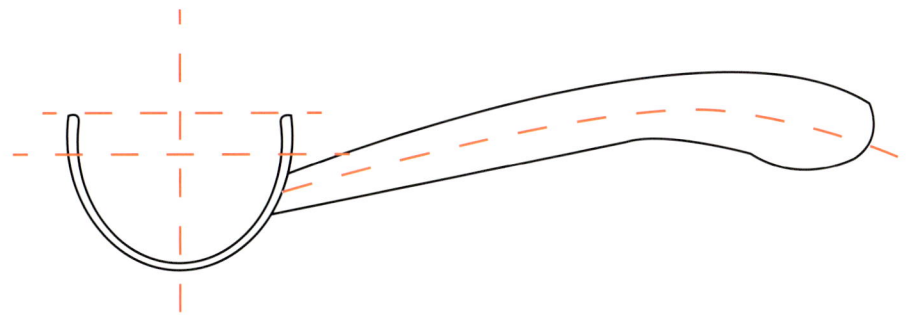

图五　布朗族木勺形态分析图

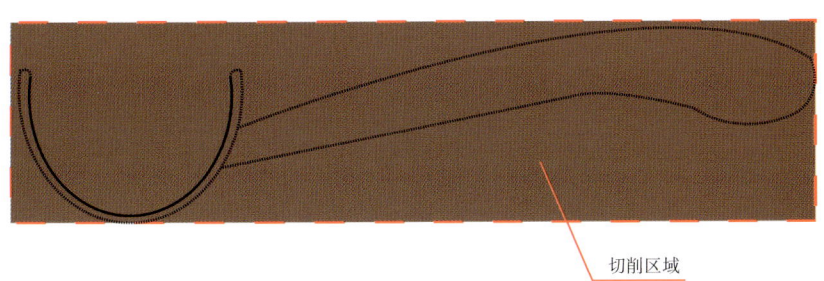

切削区域

图六　布朗族木勺切削示意图

布朗族木盛器

图一　布朗族木盛器主图

因地处偏远山区，资源相对单一，布朗族人多以山林之中的自然原材料为主材进行设计加工后作为生产生活器具使用。本案例为木质的盛放食物的器具，为布朗族常用的生活用品，保留着传统盛器的器形。

本案例由器身和木盖两部分组成，均经刀具切削制作而成。器身为中部向外鼓起、上下两端向内收束，底部设有外扩形的平底，口沿处的一端留有一个方形凸起，其间还透钻有一个孔洞，此孔作麻绳与木盖连接之用。口沿被旋切成倒锥形，以方便与木盖吻合榫结。器身之内腔被全部掏空，利于扩大盛放容积。木盖为宝盖顶器形，顶部留有扁圆形把手，利于使用者抓握，其与器身之连接处，留有对应的连接点，同样透钻孔洞，用于麻绳连接。

木盛器的器形较为笨重，加工程度及工艺较为粗糙。但将其置于原始背景当中，其设计则蕴藏着布朗族人伟大的智慧，是榫卯结构与铰链结构的雏形。器身与木盖采用以大套小的榫接方式，此法开辟了木材加工的新篇章。以麻绳作为连接物将器身与木盖相连，则是现代铰链结构形成的动因之一。便携式的设计精髓，是布朗族人在设计思考的时候，与生活实践相互碰撞，孕育而出的经典产物。

图片来源

图一　岩勐　摄影
图二至图五　夏鹏飞　制图

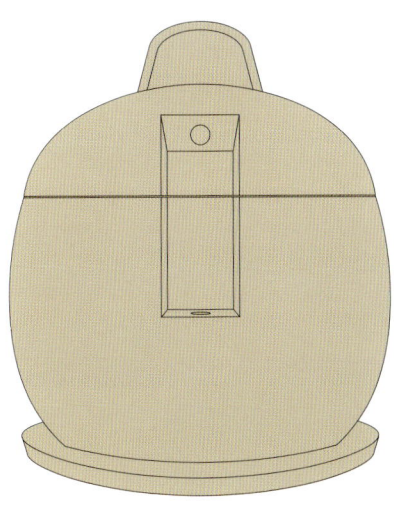

图二　布朗族木盛器线描图

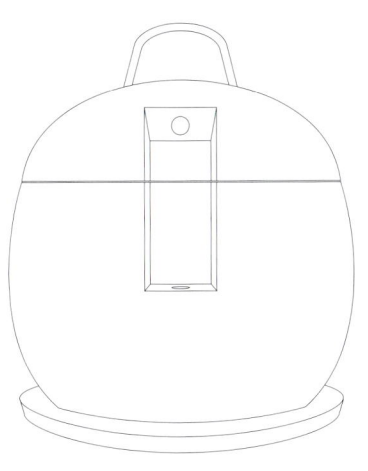 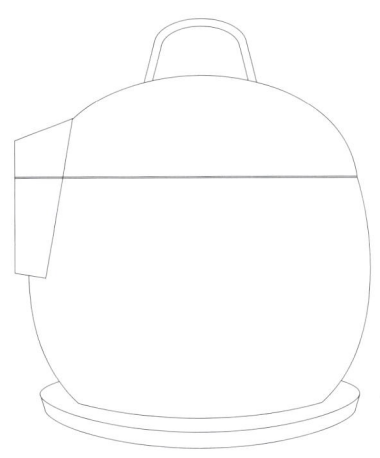

图三　布朗族木盛器视角图

 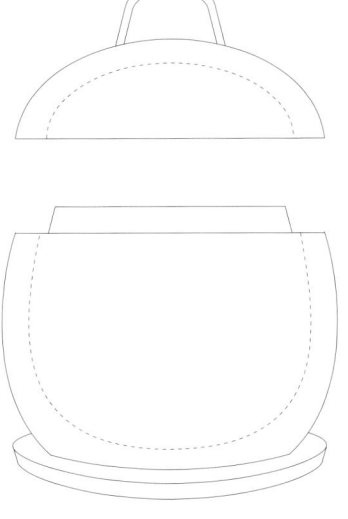

图四　布朗族木盛器内部结构图　　　图五　布朗族木盛器结构分析图

布朗族牛肉剁生

图一 布朗族牛肉剁生主图

据清乾隆《石屏州志·卢鹿爨蛮》记载："凡夷人会饮，切生肉杂野蔬与蒜食之，谓之剁生。"牛肉剁生为布朗族古朴的烹调方法，沿袭了原始人类生食的传统，最大限度地保留了牛肉的原汁原味，在布朗族人婚庆祭祀的宴席中，作为一道主要菜式出现。

牛肉剁生选用上好的牛肉作为原料，使用上小下大的楔形石头反复锤捣至糜状。此法既不破坏肉的汁味，又强化了牛肉的纤维弹性。待初步锤捣之后，加入各种香料，使菜刀反复砍剁，将其间的粗纤维尽皆切断，不仅便于食用，更能使牛肉深度吸收香料的味道。接下来，将剁生置于盆中，用手以"抓""压""揉"等动作，顺时针反复搅拌，以起到拉筋的作用，进一步增强剁生的弹性与口感。

因牛肉剁生是常温烹饪的一种方法，不介入高温，因此从根本上保留了牛肉的营养物质。古朴的砍剁加工工艺，更是增强了牛肉本身的纤维弹性，催生出更为劲道的口感。此类烹制方式不仅是传统生食的延续，更成为一种健康的烹饪方式，回归到食物加工的本源。

图片来源
图一至图八　岩勐　摄影

图二　牛肉的舂捣处理

图三　牛肉的砍剁处理

图四　将捣成糜状的牛肉用香料调配

图五　牛肉与香料的混合加工

图六 布朗族牛肉剁生"揉"的加工手法

图七 布朗族牛肉剁生"压"的加工手法

图八 布朗族牛肉剁生"抓"的加工手法

布朗族酸茶

图一　布朗族酸茶主图

"酸茶"为布朗族古老独特的食茶方式之一，也是布朗族自食、招待贵宾或作为赠礼的一种茶。布朗族是个好客的民族，布朗族有着独特的制茶方法，保留了食酸茶的习惯。其饮茶方式多样，主要以食茶、泡茶、煮茶三种方式为主。

每年的五六月份，便是制作"酸茶"的黄金期，上好的制茶材料多分布于湖南新化奉家山、云南腾冲坝外等地。制作方法为"土坑法"，此法为人类在尚未发明使用陶器前所发明并沿用至今的一种古老制茶方法。具体步骤大体表述如下：先采鲜茶叶若干，以新鲜芭蕉叶包裹，置入事先挖好的深坑内，放七天左右。待茶叶中的水分自然阴干，茶叶发酵之后，取出于阳光下揉搓，并暴晒两天，此为茶叶杀青的过程。杀青完毕后，再将其以芭蕉叶包裹，放回深坑内，作三天的自然酸化处理，时至取出再行晒干，便可泡饮。饮时需用沸水冲泡，其味酸苦，有清洁口腔、清热解暑的功效。酸茶如作食用，此时，应于上述步骤中的第二道工序进行之时，适当多放几天，取出后用碾碾碎晒干，食用时用水泡发之后进行凉拌，其味酸涩有回味，可以增进食欲。

布朗族是云南最早种茶的民族之一,千百年来,布朗族人不仅总结出一整套制作酸茶的工艺,还整理出一套用酸茶治病的方法:那便是将酸茶放入口中细嚼慢咽,味酸香可口,甘爽俱备;若再配上一定的辅料,则更有防病治病的药效,酸茶配生姜,可用于治疗痢疾;配菊花,可治暴发火眼,并有清凉明目之功效;拌以白糖,健脾和胃;兑以米醋,可医治牙痛;拌进蜂蜜,可治便秘;加入食盐,化痰祛火;掺上奶油,帮助消化;单嚼酸茶,提神清心;久嚼酸茶,身强体健,长寿延年。

图片来源

图一、图二、图五　陈浩然　摄影

图三、图四　陈浩然　制图

图二　芭蕉叶包裹茶叶实物图

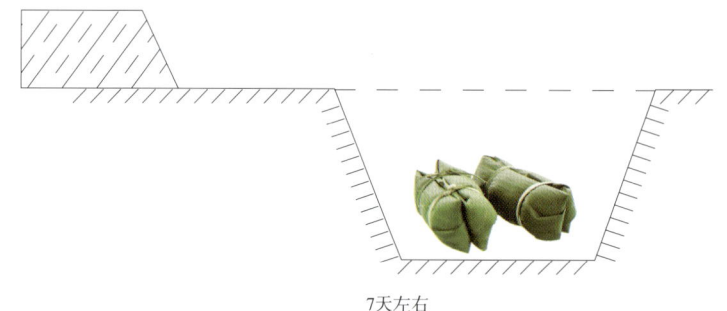

7天左右

图三　茶叶深埋发酵示意图

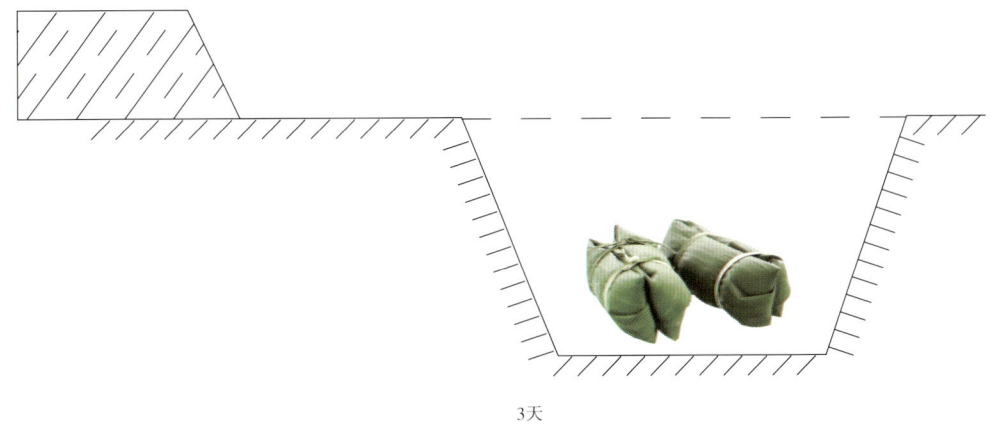

图四 茶叶杀青后深埋发酵示意图

图五 晒茶实物图

布朗族油炸花蜘蛛

图一　布朗族油炸花蜘蛛主图

"油炸花蜘蛛"，是一道以蜘蛛为主要原料，具有浓厚的山乡野地特色的布朗族风味名菜。布朗族常捕食野味和昆虫制成菜肴，烹制技法以清煮、凉拌为主，也采用舂、炸、蒸等方法。"油炸花蜘蛛"则是布朗族的风味名菜中"炸"的典型代表。

其烹制方法大体表述如下：先使用装有圆圈的木棍，将花蜘蛛连带蜘蛛网一同包裹取回后，放入沸水中烫死，去除头、脚部分，并控干水分，晒干收藏。此步骤可有效去除花蜘蛛体内的毒素与细菌。待需食用之时，则将花蜘蛛取出，先以开水浸泡，回软后洗净。放炒锅上火，注入菜籽油150克，烧至七成热，置入花蜘蛛400克，待以文火煎至橘黄色后，取出入盘，并撒花椒盐10克即可食用。此种烹制工艺的关键在于，浸泡花蜘蛛时须用沸水，时间不宜过长，回软需适度，以确保花蜘蛛肢体的完整度和韧度。另外，在煎制花蜘蛛时，宜用小火慢煎，至外金黄、里熟透为止，食客蘸花椒盐而食。

布朗族多居于山区，蜘蛛为常见动物，蜘蛛含有丰富的蛋白质，可以有效地补充人体所需蛋白质。布朗族人利用山区地域中一切可食用的资源，以弥补对于肉类获取的不足。布朗族对花蜘蛛的烹调方法、食用方法都具有天然、返璞归真的情趣。

图片来源
图一　邹茜　摄影
图二　邹茜　制图

1.沸水煮烫

2.控水晒干

3.开水回软

4.煎炸烹调

图二　布朗族油炸花蜘蛛制作过程图

布朗族芝麻鸡

图一 布朗族芝麻鸡主图

芝麻鸡是布朗族一道传统的特色风味名菜。此菜麻辣鲜香，酒香甜润，是布朗族人开春后的美味肉食，且鸡肉富含优质蛋白质，对人体有着极高的营养价值。

布朗族有着悠久的美食文化历史，布朗族人懂得对自然食物的摄取和食物之间的搭配。本案例就是芝麻和鸡肉的营养搭配。制作"芝麻鸡"，以鸡为主要原料，加以芝麻为主的佐料进行调制。制作方法大致如下：首先选取上好的鸡胸肉，烤制10至15分钟，至外焦里嫩即可。然后将肉放至砧板上剁碎，置入盆中，加入盐、芝麻等各类调料，最后兑入热水，轻松搅拌而成。鸡肉、芝麻及辣椒所提供的营养十分丰富，且有清热解毒、去痛化肿的医疗作用。

布朗族人擅于利用山区地域中一切可食用的资源，来弥补肉类获取困难的弊端。芝麻鸡的烹调方法简单且安全健康，体现出布朗族人对于食材的了解和烹调工艺的娴熟，也体现出布朗族人别出心裁的智慧，以及饮食取之于自然的生活理念。

图片来源
图一至图八　岩勐　摄影

图二　烤制鸡胸肉

图三　烤过的肉剁碎

图四　香料的处理

图五　凉拌调配

图六　配料的添加

图七　兑入热水

图八　搅拌

布朗族竹筒茶

图一 布朗族竹筒茶主图

因布朗族人颇善种茶,故有"古老茶农"之称。布朗族人在长期饮茶的过程当中,亦总结出一些独到的方法,"竹筒茶"便是其中最具特色的一种。当布朗族人在野外劳动的时候,随身带有一些散茶,待到休憩时刻,便会在地头边燃起火堆,将砍来的长短不一的香竹筒作为煮茶和饮茶的器具,"竹筒茶"亦因此得名。

"竹筒茶"的原材,多分布于湖南新化奉家山、云南腾冲坝外等地,历史已有二百多年。"竹筒茶"为圆柱体型,柱体光滑,色绿润显毫,冲泡后既存茶香、又杂有青竹清香,饮来清凉解渴。其制作方法一般可分为三个步骤,大体如下:第一步为装茶,将晒干的春茶,或经初加工而成的毛茶,装入生长期在一年左右的嫩竹筒中。第二步为烤茶,将装有茶叶的竹筒,置于火塘三脚架上,在40℃左右的炭火上,烘烤六七分钟,使竹筒内的茶充分软化,然后用木棒将竹筒内的茶压紧,再填满茶烘烤,如此这般边填、边烤、边压,直至竹筒内的茶叶填满压紧为止。第三步为取茶,待茶叶烘烤完毕后,使刀剖开竹筒,即可取出圆柱形的竹筒茶。竹筒茶冲泡步骤可表述如下:先掰下少许竹筒茶,放入茶碗之中,冲入沸水至七八分满,静待三五分钟后,即可开始饮茶。饮来既有茶之醇厚滋味,又有竹的浓郁清香,可口异常。

竹筒茶是布朗族人们世代相袭的一道待客的传统茶饮。竹筒茶的原料细腻融合了竹和茶的气息,除了口感清新怡人之外,在品饮和收藏价值上也更显现出它的独特之处。竹筒茶渗透于布朗族人生活的方方面面。当有客人到来,他们必会以茶相待,更加体现出布朗族是一个热情好客的民族。

图片来源

图一、图二　岩勐　摄影
图三至图六　邹茜　制图

图二　精选嫩茶实物图

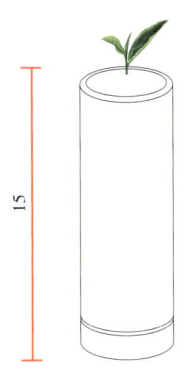

图三　布朗族竹筒茶装茶示意图(单位:cm)

六七分钟

图四　布朗族竹筒茶烤茶工艺示意图(1)

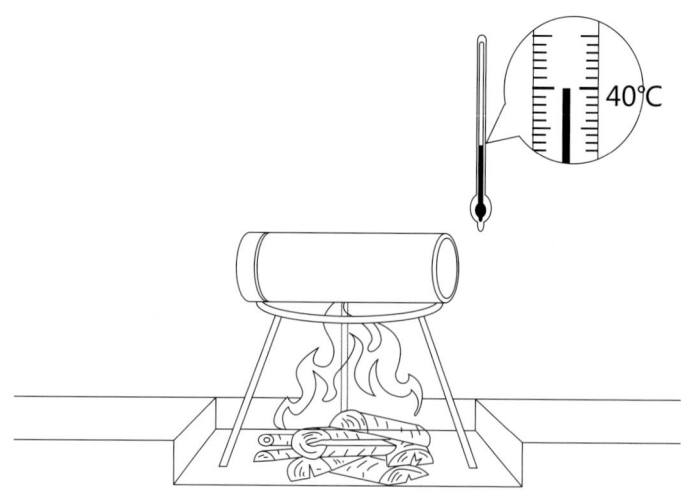

图五 布朗族竹筒茶烤茶工艺示意图（2）

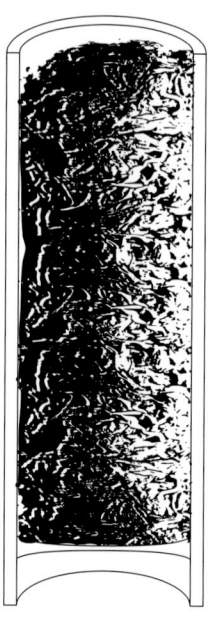

图六 布朗族竹筒茶取茶示意图

布朗族杀猪菜

图一　布朗族杀猪菜主图

杀猪菜为具有浓郁布朗族特色的知名菜品，多于节日迎宾时用。每当族中举行重要的庆典，或逢隆重的节日，如婚礼、春节、桑刊节、清明节等，便会出现"杀猪菜"的身影。

制作一道杀猪菜，主料需选用新鲜肥猪肉100克、猪肝50克、猪大肠50克，配以猪油、姜、盐、葱、香菜、花椒面、酱油、胡椒面等佐料。制作方法大体如下：先将熟的五花肉切成片，添入些许骨头肉。后将已熟猪肠肚切成块，血肠斜切成片。待主材准备妥当之后，需将炒锅置于火上，倒入混合油烧热，并撒入姜片、葱节。姜片、葱节炸香之后，掺入猪骨头汤，添入猪五花肉、猪肠肚。等汤烧沸，撇净浮沫，再调入精盐、胡椒粉、料酒、酱油、鸡精等，以文火炖煮约7分钟。时至，需以漏勺捞出锅中炖好的菜，装入汤内，再将肠片烫至卷曲后，以漏勺捞出，置于汤内已炖好的菜之上。然后于锅中汤汁内调入味精，起锅倒入汤内，最后撒上香菜节，随蒜泥味碟一同上桌即成。上述工序仅为猪肉的制作方法，其实杀猪菜还包含了若干布朗族家中常食之家常菜，如包烧鲜鱼、牛肉剁生、芝麻鸡等等，因在其他案例中均有叙述及分析，在此不做赘述。

杀猪菜最本真的源起，是因传统社会对于食材的保鲜方式存在着不可调和的瓶颈，族人在年节等时节屠宰生猪后，都分发给周边各户，并张罗族人聚集一同分食。久而久之，杀猪菜逐渐演变为迎宾宴请的酒席。杀猪菜所用之主要食材为家养猪肉，烹饪手法展现了原生态的烹调理念，体现了靠山吃山、靠水吃水的传统生活观念，以及布朗族人民取于自然的生活理念。此菜虽制作简单，但味道鲜美至极。

图片来源

图一至图五　岩勐　摄影

图二　布朗族杀猪菜菜式组合

图三　布朗族杀猪菜猪红

图四　布朗族杀猪菜烤猪肉

图五　布朗族杀猪菜烤猪皮

布朗族长席宴

图一　布朗族长席宴实景图

长席宴为布朗族人举行重要庆典时的一种庆祝仪式,比如在结婚、春节、桑刊节、清明节等重大节庆时,布朗族村寨皆会举办长席宴,以贺吉祥。

长席宴是族人自带家中的桌椅,一一相连,并盛放各家的特色家常菜,以街巷为厅堂,全族人共同用餐的宴席。族人们相聚在一起,整体的氛围喧哗热闹,能将各大节庆活动气氛推至高潮。长席宴不大看重菜品的质量,注重的是全族人聚集一席的热闹劲头。传统村落的整体规划缺少较为宽敞的聚集空间,布朗族的先民便因地制宜将桌椅相连形成狭长的长席宴,席宴越长代表着族群越兴旺。而同时,考虑到全族人的用餐需求也是相对较大的,无法由少数人员承担,智慧的先民便想出了族人各自提供自家拿手而可口的佳肴完成长席宴菜品组合的好办法。

长席宴是一种典型具有民族风俗的庆祝仪式,也是布朗族全族人的大聚会。全族人借着长席宴增进相互了解,增进感情。长席宴透显的是族人的大融合、和谐的邻里族群关系,不在于表象的聚会,更注重拉近族人间的关系,体现出"爱"与"团结"两大主题。

图片来源
图一至图八　岩勐　摄影

图二　布朗族长席宴祭祀仪式图

图三　布朗族长席宴的菜式组合

图四 布朗族长席宴单品菜式（1）

图五 布朗族长席宴单品菜式（2）

图六 布朗族长席宴单品菜式（3）

图七 布朗族长席宴单品菜式（4）

图八 布朗族长席宴单品菜式（5）

第三章 布朗族传统餐饮

第四章 布朗族传统生活用具

布朗族柴刀篮

图一 布朗族柴刀篮主图

柴刀篮是布朗族人放置柴刀的工具，柴刀篮通体为竹质。布朗族人居住于云南山区，主要为刀耕火种的生活状态，由此柴刀成为其生产生活中的贴身必备之物。同时，考虑到柴刀的携带安全性，便衍生出了附属配件柴刀篮。

此案例由篮体、提手两部分组成。篮体呈空心长方体，下部为细长方形，以便于固定刀刃，防止刀刃随意摆动产生不安全性。篮体的主框架由厚实的竹片并列拼接围合，其底部利用火烤法将竹片扭曲成90°的直角，从四向结合以形成密合的扁长方形的篮体。上部为喇叭口形状，以利于柴刀安放，篮体的敞口位置以篾条采用交叉编织的方法进行编织；交叉编织可以起到支撑的作用，使得篮口不易变形。提手由麻绳编织，多股绳索增加了提放的舒适度。

素朴的编织技法体现出布朗族人在劳动中的聪明智慧。经纬交叉的竹编形式有助于结构紧密，不同的竹片编制和竹篾的编制方式，使得整个柴刀篮有着线条上的疏密变化，形成了不具修饰的美感，以及结实耐用的功用。柴刀篮的编织工艺在原料、编织工艺等方面形成了天然、朴素、清新、简练的功能特色。柴刀篮的设计充分地体现出布朗族人源于自然的设计理念。

图片来源

图一　岩勐　摄影
图二至图六　夏鹏飞　制图

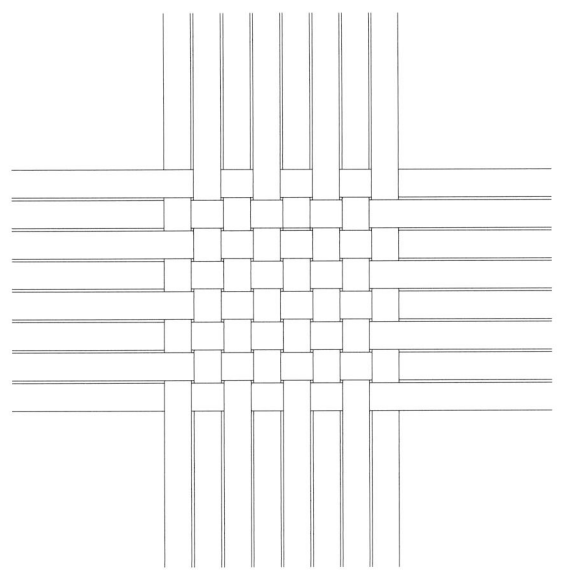

图二　布朗族柴刀篮底部结构示意图

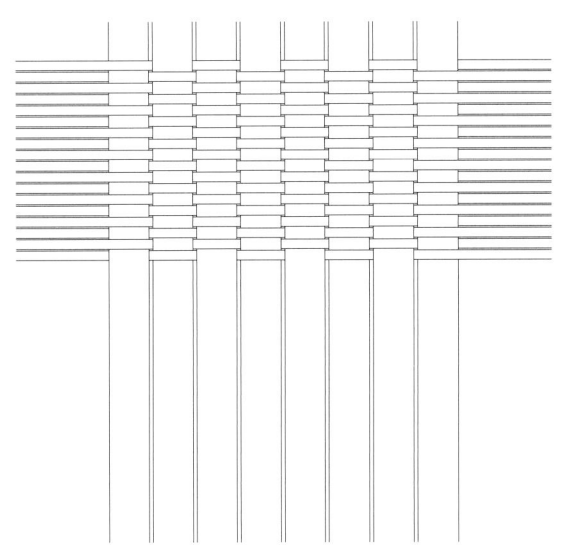

图三　布朗族柴刀篮颈部结构示意图

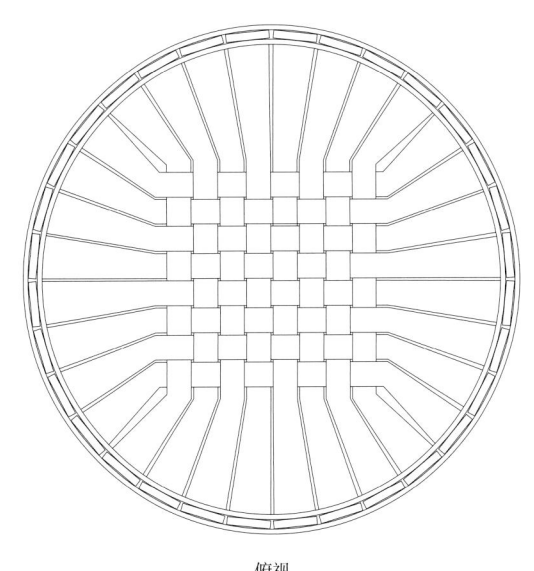

俯视

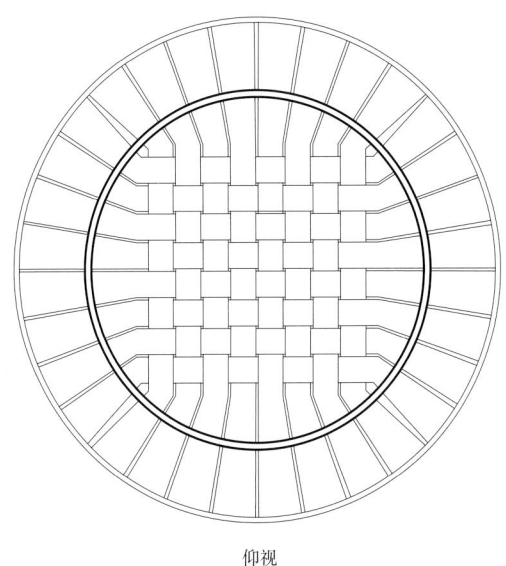

仰视

图四　布朗族柴刀篮视角图

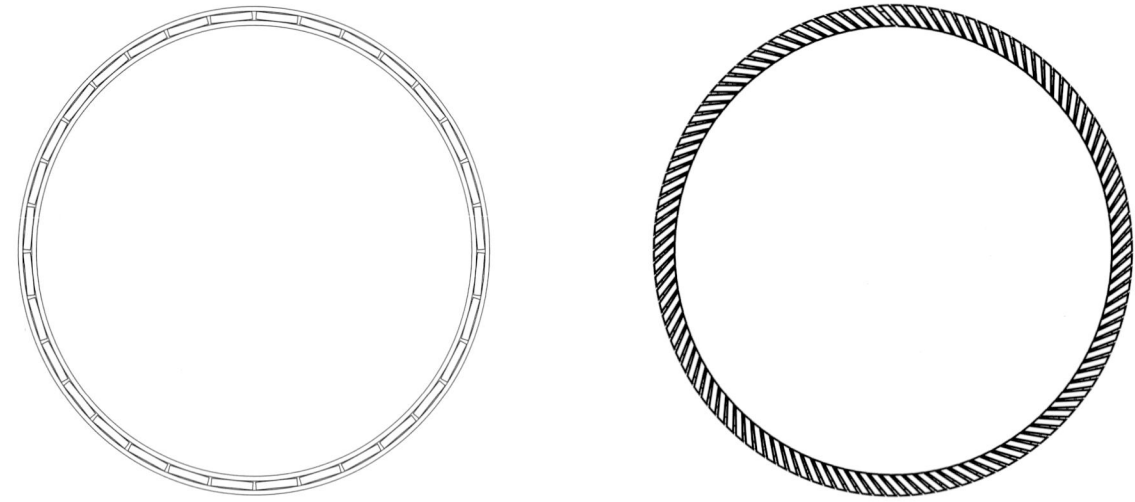

图五　布朗族柴刀篮口沿细节图

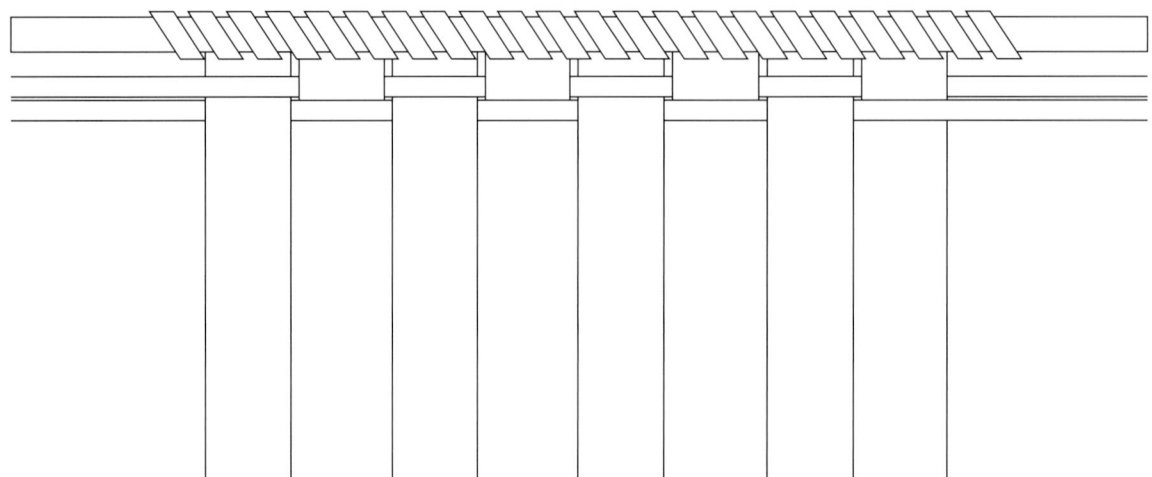

图六　布朗族柴刀篮口沿编织细节图

布朗族牛肚被

图一　布朗族牛肚被主图

"牛肚被"，因其外形酷似"牛肚"而得名，是一种极具布朗族特色的纺织品。当布朗族文化还处在"濮"人时期的时候，其先祖便已经开始种棉花，并尝试纺织。在千百年所传承下来的纺织成品当中，要以牛肚被最为有名，古时它用于保暖，对汗液有渗透作用，冬暖夏凉，愈洗愈白，对人体健康十分有益。

牛肚被分为内外两层，做工细致而繁杂。制作一张"牛肚被"，约需耗时20—30天，期间需要经过轧棉花、弹棉花、搓棉条、纺棉线、绕棉线、煮棉线、圈棉线、拉棉线、织棉被等9道程序。具体步骤大体如下：

1. 轧棉花：自地里采摘优质棉花，使用压棉机去掉棉籽，晾晒1—2日；

2. 弹棉花：将脱籽后的棉花，以羊弦弹之，使其变软、变松，并祛除灰尘；

3. 搓棉条：使用纺轮将弹好的棉花搓成花条，以便纺线之用；

4. 纺棉线：使用纺线车，将搓好的棉条，纺成一根根细线；

5. 绕棉线：将细线拉成同长的经线，以使经线受力均匀，再经高温煮制，经线呈干瘪形态，有较强的抗拉性；

6. 煮棉线：为保持棉线的硬度与牢固性，将绕成经线的棉线，置入装有小红米或苞谷的大锅中煮沸，再经漂洗后晒干；

7. 圈棉线：为使棉线不打死结，并方便操作，使用纺线车将棉线绕成团；

8. 拉棉线：使用拉线车，将绕成团的棉线固定在纺线车上；

9. 织棉被：从绕线架拉出若干股经线，

将线头固定于简易织机上,与作为纬线的棉线配合,进行经纬交织,期间每隔一个经线,便需将蓬松的棉条,绕于一根光滑的木棍上,采用"挑""绕"的形式,使棉条亦为纬线,交织于经线之上,形成一种粗棉条与细棉线相结合的交错状双纬线效果。一面用粗棉起绒,一面平织,如此循环反复,纯白的纯棉牛肚被就纺织完成了。

牛肚被材质的运用,体现出布朗族人对于棉花的韧性及疏导性等物理特性的深度认知。同时,巧妙地通过粗制棉条、细棉条的穿插编织,形成了可满足夏、冬双季节使用的通用性较强的被子,是布朗族人伟大生活智慧的结晶。从"牛肚被"的纺织过程亦可折射出典型的男耕女织农耕文化的悠久历史,反映出布朗先民们艰辛劳作,夜以继日付出勤劳汗水的历史轨迹。

图片来源
图一、图三至图六　岩勐　摄影
图二、图七、图八　邹茜　绘制

图二　布朗族牛肚被结构示意图

图三　布朗族牛肚被轧棉花工艺

图四　布朗族牛肚被弹棉花工艺

图五　布朗族牛肚被纺棉线工艺　　　　图六　布朗族牛肚被织棉被工艺

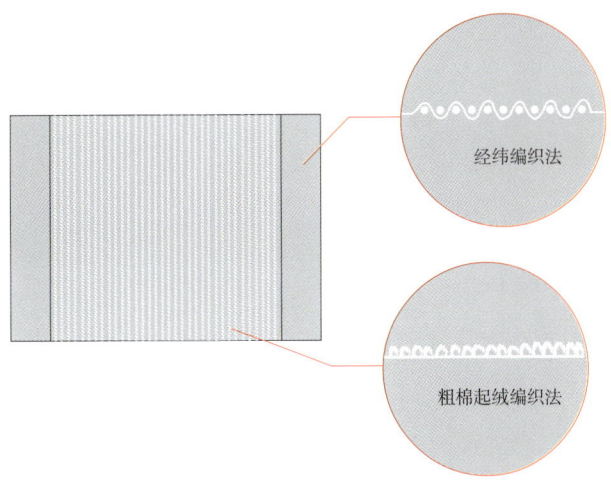

经纬编织法

粗棉起绒编织法

图七　布朗族牛肚被编织工艺分析示意图

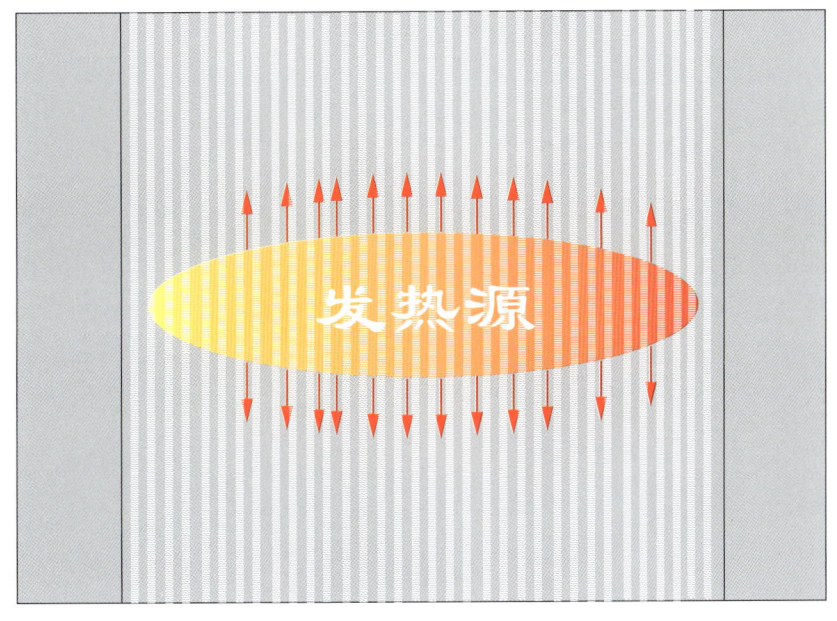

发热源

图八　布朗族牛肚被热能发散示意图

第四章　布朗族传统生活用具

布朗族挑桶

图一 布朗族挑桶主图

挑桶为盛装与运输液体的器物，多用于盛装酒、水等物品。此物通体竹质，通常配备两个大小相近的挑桶，以利担挑时的平衡。布朗族人常在田间山地劳作，利用小型的挑桶，可保证液体的运输，并防撒溢。

本案例以成年竹材作为主材，通常选取两段直径大小相近的，均有两个竹节的竹材，将表面的竹青刮削干净，以延长竹材使用寿命。除了底部竹节之外，上端的竹节均使硬物将其捣通，扩大容量。桶体之口沿，多定位于最上端竹节的5厘米处，可有效增强竹筒的防撒溢效果。上端口沿处下方开有漏斗型凹口，呈对称状定位，便于嵌入适宜长度的提梁绳索，利于扁担的担挑或手掌的提握。

整个挑桶采用原生态设计，利用竹材的封闭性，满足盛装物品的需求。对竹材表面竹青的处理，体现了布朗族人对于竹材特性具有深度的认知。而巧妙的漏斗型凹口设计，则降低了绳索穿插的磨损系数，增强了挑桶的耐用度。对称式的挑桶配备及凹口设置，体现了布朗族人对于对称力学的深度认知。在简易的材质应用中，融入了细节的实用性构件处理，不失为布朗族人因劳作经验的积累而创造出巧妙器物的代表。

图片来源
图一　岩勐　摄影
图二至图六　邹茜　制图

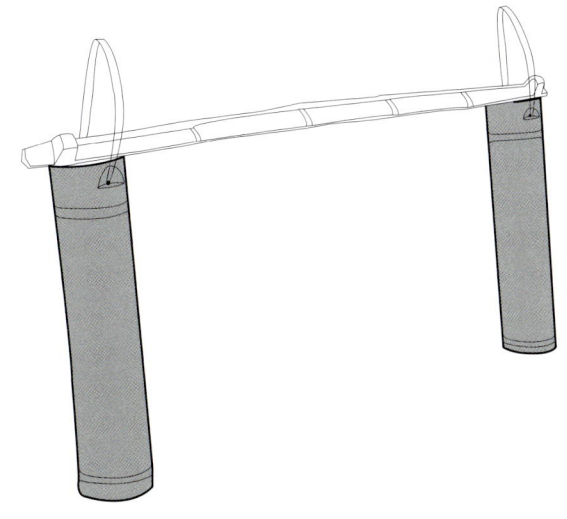

图二　布朗族挑桶线描图

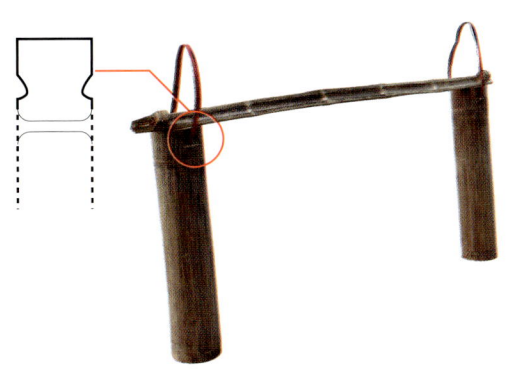

图四　布朗族挑桶细节分析图

图三　布朗族挑桶三视图

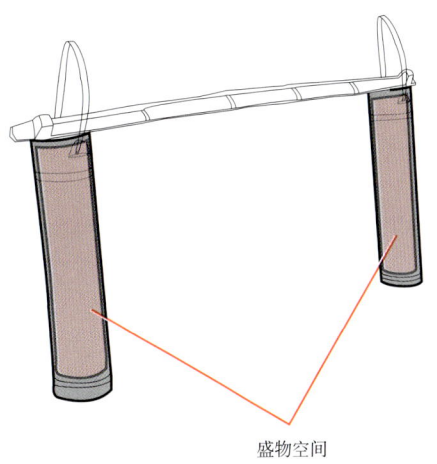

图五　布朗族挑桶盛物容量分析图

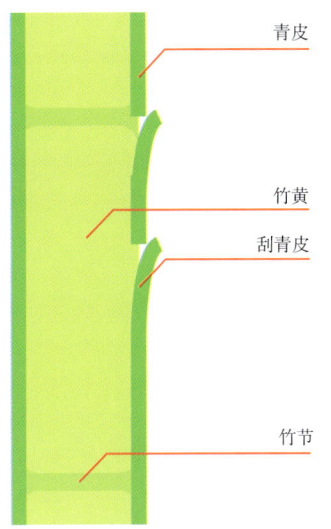

图六　布朗族挑桶材质加工分析图

第四章　布朗族传统生活用具

布朗族竹篮

图一 布朗族竹篮主图

竹篮是以竹子作为主材，经手工编织而成的篮子，可盛装各类物品，亦可用于滤水清洗之用，是布朗族人日常生活中必不可少的生活用品之一。此案例之竹篮为典型的传统形制，熟褐色的色泽既显亲和，又体现出其使用时间长久的历史印迹。

竹篮由篮体、篮足、框架、提耳、提手五个部件构成。篮底、篮体、口沿采用由下至上发散型的编织方式；篮足、提耳、提手属于插入性构件。其编织工序依据部件的不同，主要有三种方式。篮体部分采用宽幅一致的篾条，以一压一的形式进行经纬编织，纬线采取阶梯状的错落排序。篮体上部则借助篮体的经线，用细小的篾条进行编织，通过纬线的交错形成相互插嵌的波浪形纹饰；篮体口沿部则以大宽幅的厚竹片弯曲成方形的篮口，再用细竹篾片以其为纬线进行固定性编织；在大面积的篮体中介入了三种编织纹饰，既满足合闭的功能性，又强化了纹饰的过渡性，增强了视觉美观感。

材质的合理应用、丰富的花式编织技法、富有美感的形态、环保的设计理念均在竹篮的制作和使用中得到了体现。竹篮的编织及设计技法体现了先辈们的经验与智慧。虽然此物已逐渐被现代工业产物所替代，但其所蕴藏的传统文化是值得我们永久保护和加以传扬的。

图片来源

图一　岩勐　摄影
图二至图七　陈浩然　制图

图二　布朗族竹篮篮身细节图

图三　布朗族竹篮篮脖细节图

图四　布朗族竹篮结构名称图

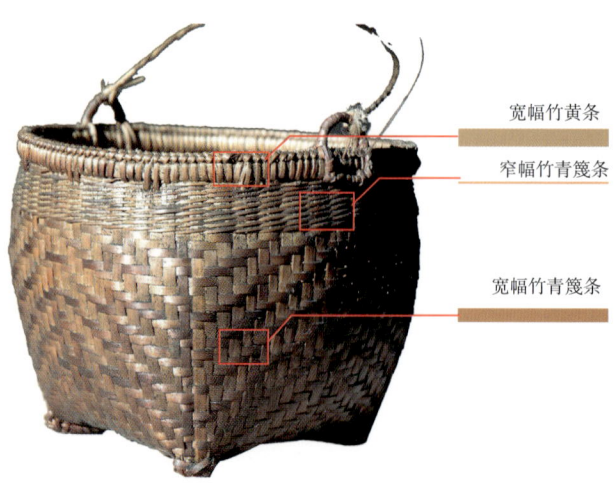

图五　布朗族竹篮篮沿细节图

图六　布朗族竹篮编制技法示意图

图七　布朗族竹篮主体承重框架分析图

第四章　布朗族传统生活用具

布朗族竹篓

图一 布朗族竹篓主图

　　竹篓为布朗族传统的生活器物之一，在传统竹篮的基础上增加了篮盖，使整体形成完全封闭的空间，用以盛装食品之类的物品。

　　此案例之竹篓由篮体、篮门、提手等三个部分组成。主体呈空心圆柱体，底部为方柱体设计，此设计有助于充分利用"竹篓"的空间。整个编织过程采用经纬编织方式，一挑一压的编制技法，从底部以放射状的编织顺序，旋转成方柱形。篮体用竹篾条编织出圆筒型，底部用木条呈十字架形组合成框架，以对角方式交结于篮体底部四角处。篮盖的编织方式及结构特点与篮体一致，仅是直径大于篮体直径，以利于篮盖盖合于篮体之上，形成闭合空间。提手为经过打磨的细竹篾条,将篮体与篮盖穿连在一起,以便于提起整个竹篓。

布朗族竹篓的制作,充分体现出了布朗族人竹编工艺的高超技法及艺术审美。

图片来源

图一　岩勐　摄影
图二至图五　邹茜　制图

图二　布朗族竹篓线描图

图三　布朗族竹篓结构细节图(1)

图四　布朗族竹篓结构细节图(2)

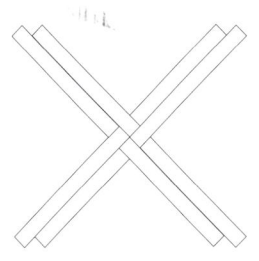

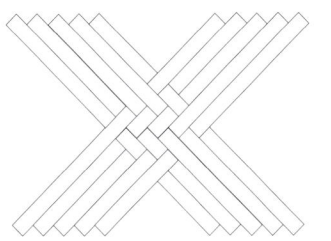

图五　布朗族竹篓编织工艺图示

第四章　布朗族传统生活用具

布朗族竹箩筐

图一 布朗族竹箩筐主图

竹箩筐，是布朗族人在生产生活过程中必备的器物，主要用于盛放较大体积的物品。此案例通体使用细长竹篾，采用具有简单、实用特点的经纬编织方式，经手工制作而成。

竹箩筐整体呈现空腔圆柱形，由圆形的上部，逐步向下，进行收分处理。整个框体分为框身、框颈、口沿三个部分，框颈采用经纬编织手法，以一挑一的形式，上承口沿、下接框身。框颈之上行经线，由篾条依次嵌入圆形的口沿之中，呈现一体化结构；框颈之下行经线，采用两条一组，以拧结交叉的编结形式，呈现斜纹经线序列。在上下经线之上，又使用同幅宽窄的篾条作为纬线，采用以一压一的形式，呈圆周形围合编结，最终形成孔隙较大的圆柱形竹质框体。

本案例以巧妙的斜纹交叉编织方法，最大限度地减少了竹材用料和制作工序，而跨幅较大的斜纹，又合理地满足了框闭物品的基本需求。其简易便捷的编织形式，不仅造就了一种自然的次序排列之美，更在很大程度上体现了布朗族人的勤劳与朴实的情怀。

图片来源
图一　岩勐　摄影
图二至图七　邹茜　制图

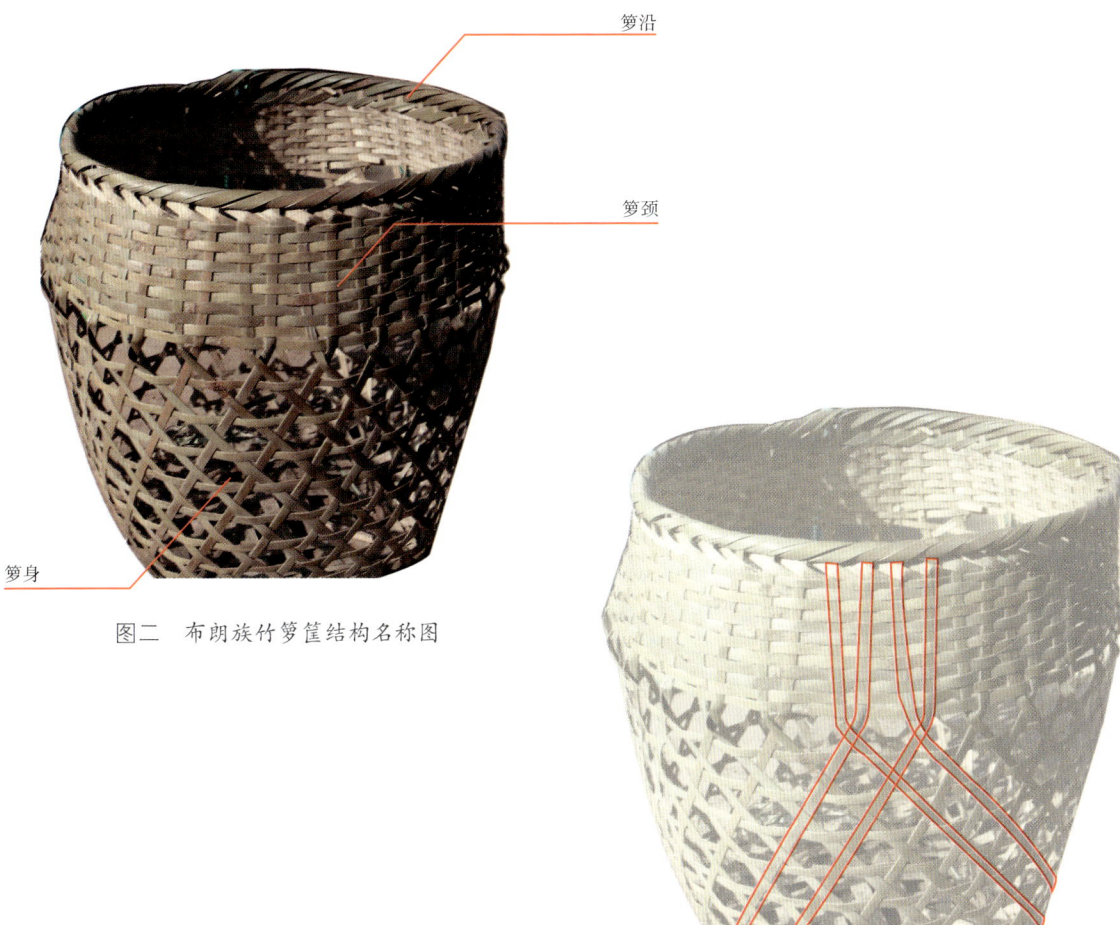

图二 布朗族竹箩筐结构名称图

图三 布朗族竹箩筐经线编制示意图

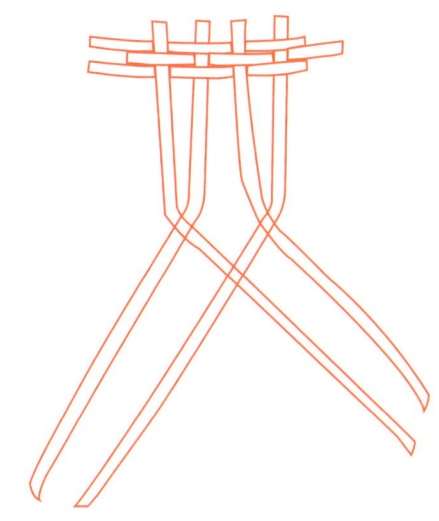

图四 布朗族竹箩筐编制方式（1）

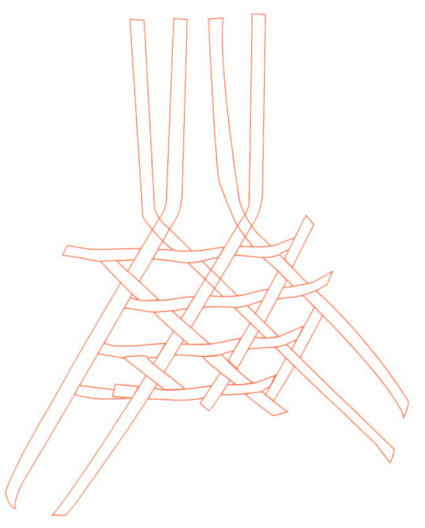

图五 布朗族竹箩筐编制方式（2）

图六　布朗族竹箩筐细节图（1）

图七　布朗族竹箩筐细节图（2）

布朗族竹盛器

图一　布朗族竹盛器主图

　　竹盛器，是布朗族传统的生活器物之一。因布朗族居住在云南山区，此地盛产竹子，所以布朗族人较为擅长"竹编"，他们的盛器大多为竹编而成。

　　此案例由桶体、桶盖、提手3部分组成。主体呈空心圆柱体，底部为方柱体，方柱体的底部设计，有助于盛放更多的物品，对于"竹盛器"的空间利用有很大的帮助。桶体两侧用藤条编织出圆扣，提手由麻绳编织为多股绳索，穿过圆扣，便于提放整个器体。竹盛器盖为上小下大的圆柱形，可实现与桶体的便利盖合。

　　素朴的制作技法体现出布朗族人的聪明才智和艺术审美。

图片来源
图一　岩勐　摄影
图二至图五　陈浩然　制图

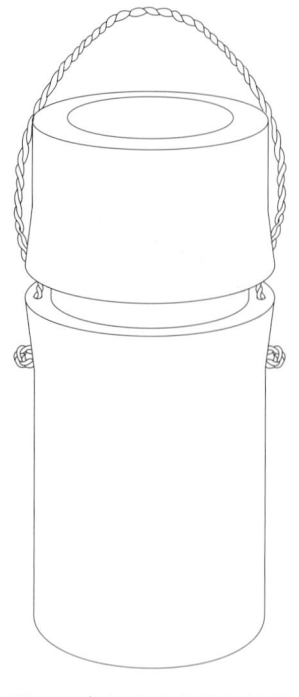

图二　布朗族竹盛器线描图

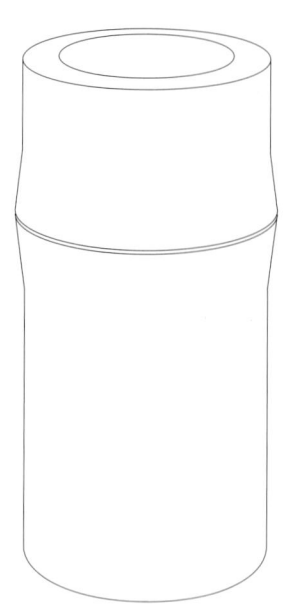

图三　布朗族竹盛器结构分析图

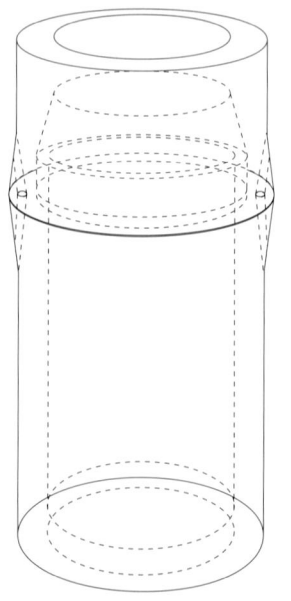

图四　布朗族竹盛器结构解剖分析图

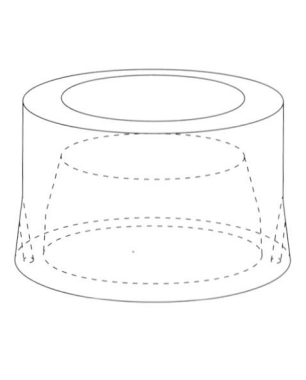

图五　布朗族竹盛器结构细节图

布朗族竹筒

图一　布朗族竹筒主图

竹筒为山区居民生活常用的器物之一，作为原始山居族群的布朗族，对于竹筒的应用亦是司空见惯，竹筒常被用来盛装水、酒，甚至作为烹制茶水、烹煮米饭的生活炊具。

竹筒的制作极为简单，主要依据竹筒的用途需求，选取直径不一的竹材，同时，依据盛装之物的容量需求，来确定竹筒的整体长度。通常选用留有两段竹节的竹材，中段竹节以硬物从内捣通，贯通整体以达到扩大容量的目的。竹筒之上端，开有圆弧状口沿，此法不仅便于液体倾倒入筒，而且提高了人们在饮用时的舒适度，体现了人性化的设计考量。竹筒之下底呈水平状，此形制利于竹筒的平稳放置。

竹筒在布朗族人的生活中被大范围应用，表现出布朗族依山傍水、自给自足的生活方式。竹筒合理有效地运用了竹材全封闭的自然属性，其圆弧形口沿，在设计使用上与人体适应性达成可靠和谐，体现出其在制作上，注重人性化与简约化的总体设计原则。

图片来源
图一　岩勐　摄影
图二至图六　邹茜　制图

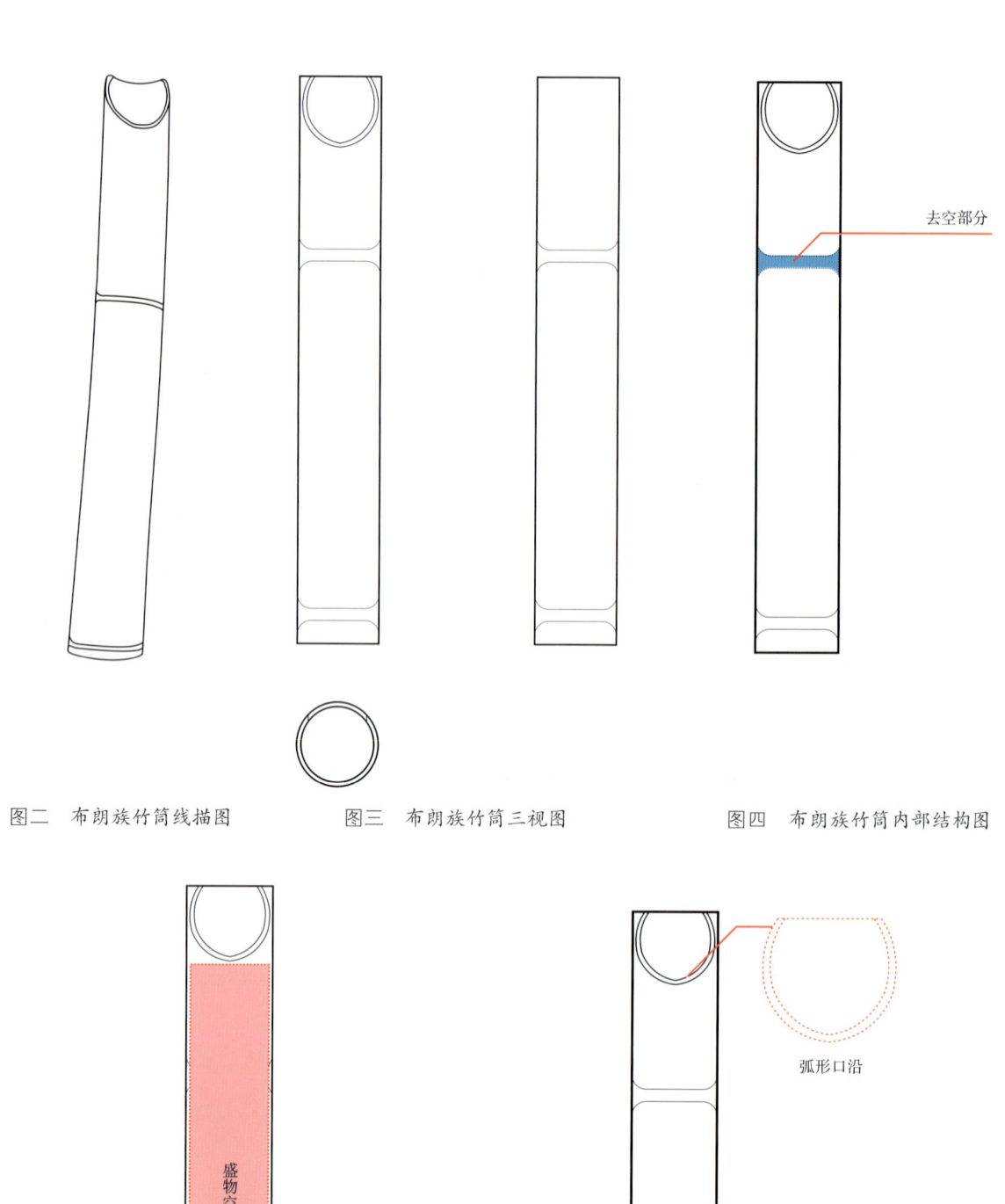

图二　布朗族竹筒线描图　　　图三　布朗族竹筒三视图　　　图四　布朗族竹筒内部结构图

图五　布朗族竹筒盛物空间示意图　　　图六　布朗族竹筒口沿细节图

布朗族印纹陶罐

图一　布朗族印纹陶罐主图

印纹陶的主要器形包括尊、罐、瓮等，主要纹样有人字纹、云雷纹、叶脉纹、方格纹、回字纹、绳纹等，系拍印而成，器物内壁多有垫窝痕迹。本案例选自布朗族的绳纹陶罐，是布朗族人家中存放的一件常用器物。

此案例器形简洁明了，为空心柱状体，此体不仅有利于使用者舒适地捧持器身，更在视觉上增添了器身的整体感。该案例之结构主要由口沿、器身，以及底部等三部分组成。其中，口沿呈豁口状，器壁结构为平缓的斜形线条，其上端口径较大，以利物品的放置；下端口径略小，与器身上端的口径大小等同，利于与下端器身的衔接。器身部分则呈圆鼓状，器身的三分之二处，为整个器身口径最大的地方。此设计可增添陶罐的容积率，增加陶罐整体线条的层次变化，降低陶罐自身的重心，达成稳定的效果。器身的上下两端，以三分之二处为中心，分别朝上下两个方向收分。上端高度较大，收分线条较为平缓，收口处正好与口沿相接。下端因高度较小，收分线条较为急促，器壁线条弧度较大。从口径最大的外凸点，分别从上下两向内收，如此曲面的设计正好符合人们在手捧此物时,手掌弯合的曲度;且器身的上下两端及口沿,此三者的线条展现出了一种轻重缓急的节奏感,增强了陶罐整体器形的层次韵律。底部结构则是最为简单的平面状,底部口径的大小,依器身下端口径的大小而定,主要根据陶罐封闭性的功能考虑,同时平面状的底面,更有利于陶罐的整体放置。

印纹陶的设计开创了布朗族先人使用陶瓷的历史。该案例之器身纹理,以简单随意的方式排布,表达出布朗族先人对于器身纹理图案的排列,已有了初始化的认识。器身所表现的纹理图案,最初仅为防滑功能考虑,之后制作者在长期制作经历中,渐渐考虑到纹理图案的美学需求。于是,印纹陶上的图案发生变化,由最初的简易图形,逐渐向抽象几何图形过渡,并由功能方面的图案造型,逐渐转化为功能之外,又兼具现代美学效果的图案造型。

图片来源

图一　岩勐　摄影
图二至图六　夏鹏飞　制图

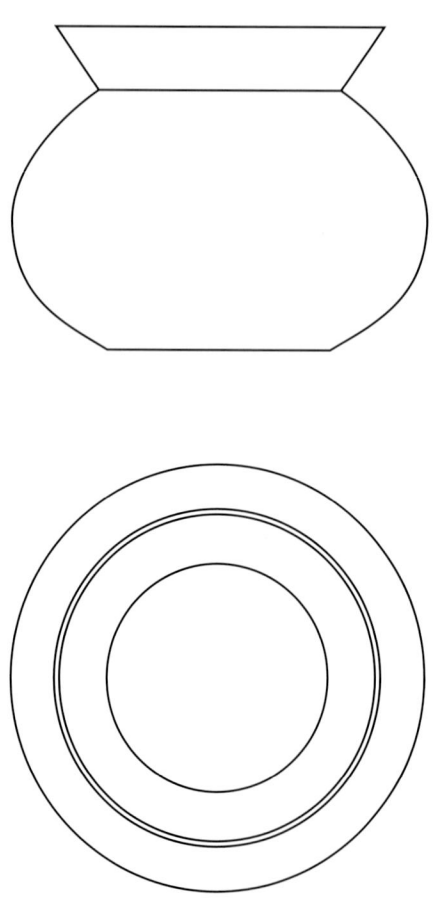

图二　布朗族印纹陶罐视角图

图三 布朗族印纹陶罐结构名称图

罐口沿
印纹图饰
罐体

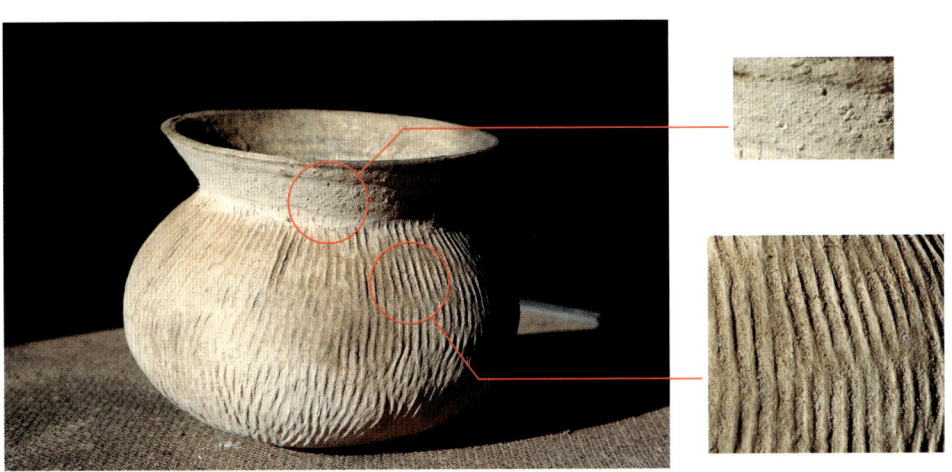

图四 布朗族印纹陶罐细部纹理图

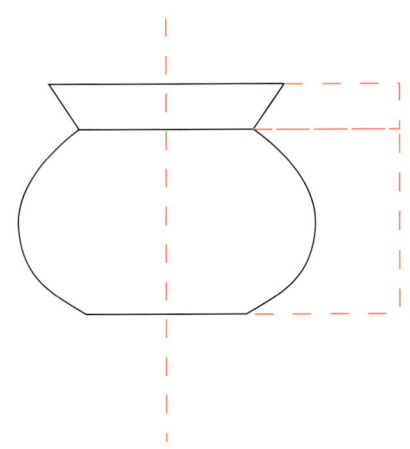

图五 布朗族印纹陶罐对称比例关系图

图六 布朗族印纹陶罐形态图示

第四章 布朗族传统生活用具

布朗族蜂桶鼓

图一　布朗族蜂桶鼓主图

"蜂桶鼓"为极具布朗族地域特色的典型乐器,因其形似蜂桶而得名。蜂桶鼓直径一般为25~30厘米,高70~80厘米,配乐于"蜂桶鼓舞"。舞蹈时男女舞者手牵手围成一圈,随伴奏之音,边跳边唱边呼喊,动作自始至终都是前进一步,身向前倾俯,后退一步,身微向后仰动。

"蜂桶鼓"多以攀枝花树或柳树为主材,挖空树心,形成一个空心圆柱体;此形利于声音共鸣与声频的传递。后放置于阴凉处10—20日去其水分,以保持音色响亮;在干燥状态之下的桶壁传递声音要更为通透沉稳。接下来,于空心圆柱体两端蒙上牛皮进行密封,并利用金属钉加固,以便于鼓者敲击时,运用牛皮的物理变形系数,来进行声频的传递。另外,再使用彩色布条,于两端修饰,上下端则用麻制绳线进行硬度强化,通过不同的绳结方式对鼓体进行修饰。

鼓棒直径为3~4厘米,长约40~50厘米,鼓者依据音调的差异,敲击蜂桶鼓不同的部位,形成概念化的音频声调,以此配合布朗族传统音乐形式进行整体演奏。

"蜂桶鼓"的制作,是由布朗族人在生产中,对于蜜蜂人工养殖器具的衍生发明而来,将民用的生产器具升华为娱乐的乐器,体现出其民族对于丰收、自给自足生活状态的满足与原始崇拜。整个设计源于生活常态化的器物,又进行了巧妙的功能整合设计,透露着质朴的设计情感;精美的修饰,更是打破了木桶本身沉闷的色彩感,体现了布朗族人对于美好生活与艺术的不懈探索与追求。

图片来源

　　图一　周文林主编.云南少数民族图库.昆明：云南美术出版社，2002

　　图二、图三　夏鹏飞　制图

　　图四至图七　邹茜　制图

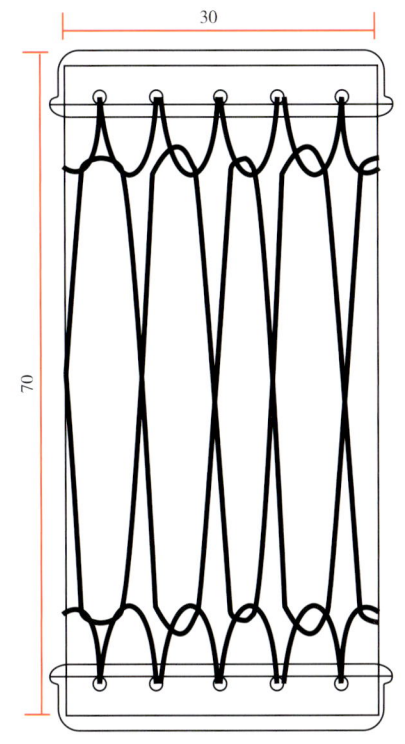

图三　布朗族蜂桶鼓尺寸示意图（单位：cm）

图二　布朗族蜂桶鼓线描图

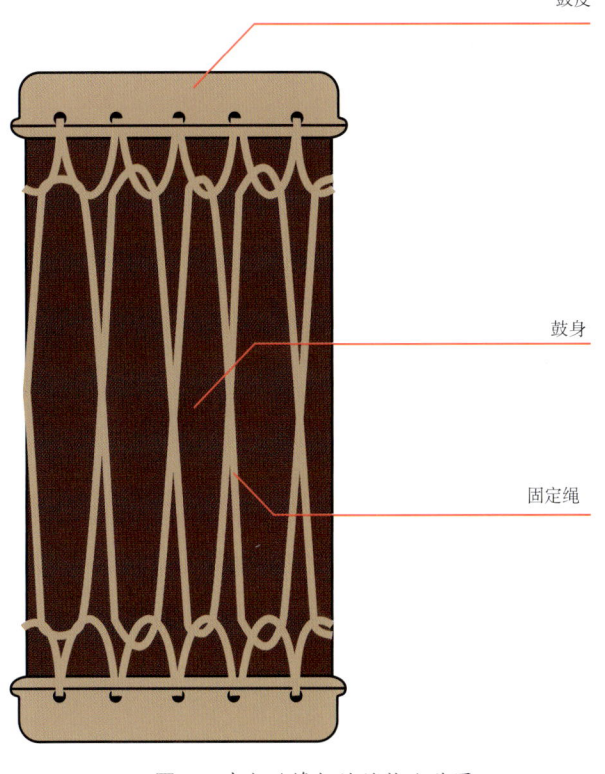

图四　布朗族蜂桶鼓结构名称图

147

图五 布朗族蜂桶鼓材质应用图示

图六 鼓身加工示意图

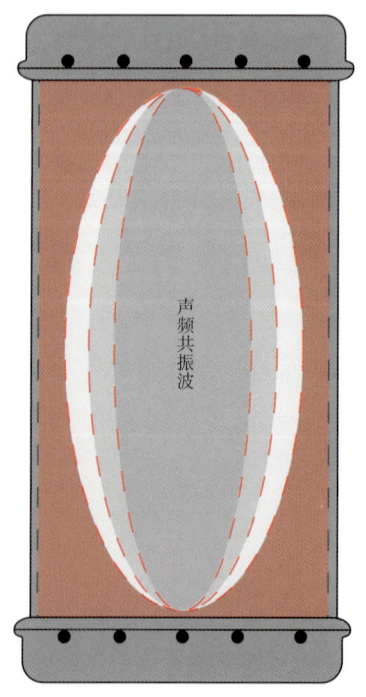

图七 声频共振原理示意图

布朗族三弦

图一　布朗族三弦主图（1）

布朗族人民能歌能舞，跳舞时伴以象腿鼓、钹和三弦等乐器。其中，三弦是最具布朗族特色歌舞里的主要配乐乐器。

三弦的构造极简，通体木质，大体由琴头、琴杆、琴鼓三部分组成。琴头与琴杆为整木雕凿而成，充分考虑了音频的传播稳定性。琴头处开横槽，以安插及调节琴轴，琴轴与琴鼓上弦桥作为两个连接点将三根琴弦固定连接，通过旋钮来完成调弦校音。琴杆与琴头连接处嵌有凹口的山口，琴鼓上安置了琴码，可将三根琴弦笔直地固定在山口和琴码内，有效控制琴弦的弹拨范围和振幅波动曲线的一致性，以保证音准。琴鼓为内空的腔体结构，鼓面设有多数小音控，形成一个较为密闭的共鸣腔，琴弦的细微音频波动被腔体进一步放大，充分利用了空气学原理，从而将美妙的弦音传递开来。

三弦是较为完善的乐器造型。材质的选用均根据功能为上的原则，选择从声音的传递到共振等方面均较佳的材质。各个结构部件，均依据其功用，进行深度设计与加工。在器型的定制方面，均严苛考虑发声的效果。布朗族对于音乐的热忱进一步促进了乐器的设计革新，而乐器的设计能做到就地取材、因功能施材的设计规划，体现了制作经验的厚重积累。

图片来源

图一、图二　岩勐　摄影
图三至图六　夏鹏飞　制图

图二　布朗族三弦主图（2）

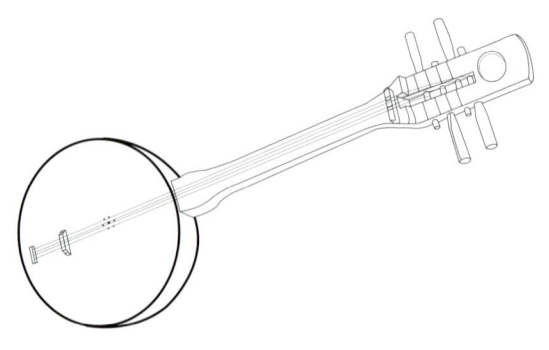

图三　布朗族三弦线描图

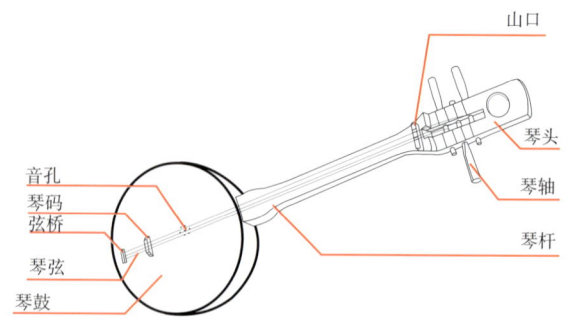

图四　布朗族三弦结构名称图

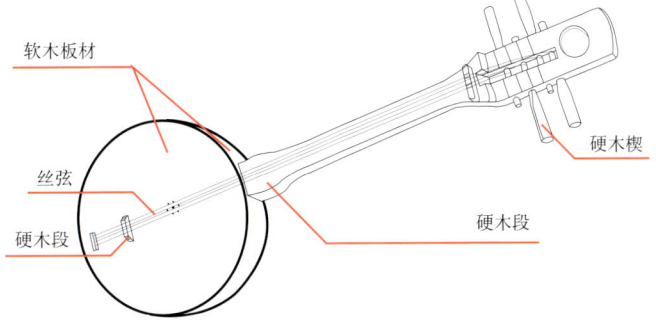

图五 布朗族三弦材质分析图

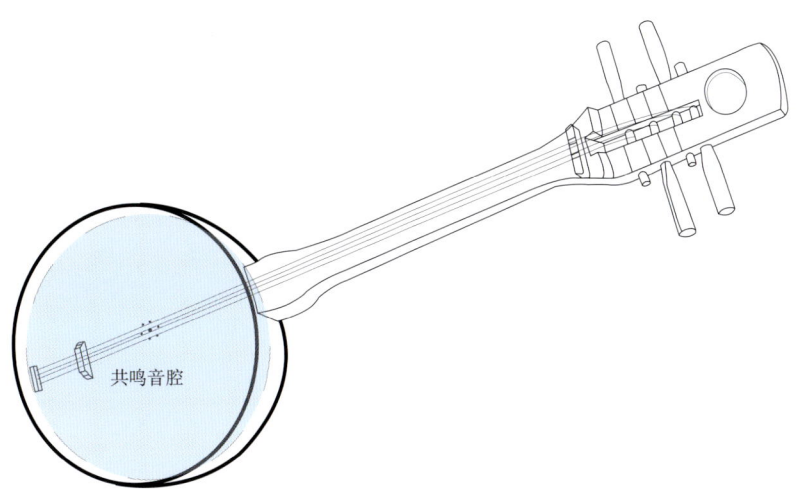

图六 布朗族三弦共鸣音腔示意图

布朗族象腿鼓

图一　布朗族象腿鼓主图

象腿鼓为布朗族的传统乐器，是原始仿生设计的代表之一，器形对大象的腿足形态进行了提炼性的模拟，象腿鼓也因此得名。

象腿鼓大体分为鼓身与鼓皮两大构件。其中鼓身选用木质较为致密的木材原料，原材的直径大小决定了鼓体的规格。鼓身的整体外形类似于酒杯，制鼓师根据经验进行立体切削，以求达成整体的规则圆形。鼓身内部做掏空处理，上部则均匀挖空，底部由于有深度的局限性，只做简单挖空处理，结构的完整与独特形成了通透的共鸣腔体。象腿鼓的鼓皮则选用完整的水牛皮，经过整体摊开的自然晾晒，在去除水分的同时，又增强了牛皮的弹性效果。然后再刮净牛皮上的毛发，以避免影响声音传递。待正式制作之时，制鼓师会依据鼓体口沿的大小，切割出略大一些的牛皮作为鼓皮，通过木楔将鼓皮固定于鼓身之上，同时，在鼓体口沿、腰际处，设有与之相匹配的两个圆箍，通过牛皮条带进行拉拽固定。

象腿鼓是布朗族从傣族等周边民族借引过来的一种乐器。由于对大象的崇拜，它的形制是依据大象的腿足衍生而来，体现出对于丰收、自给自足生活状态的祈福和原始崇拜。同时，又融入了佛学文化中对于大象的崇敬之情。整体设计源于自然物，并巧妙整合了造型与声学传递物理效能的功能设计，透射出其质朴的仿生设计理念。

图片来源

图一、图三至图八　岩勐　摄影
图二　邹茜　制图

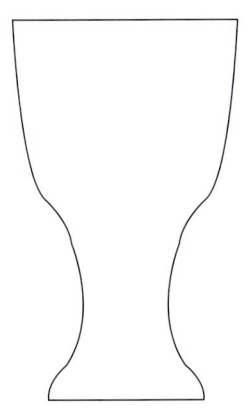 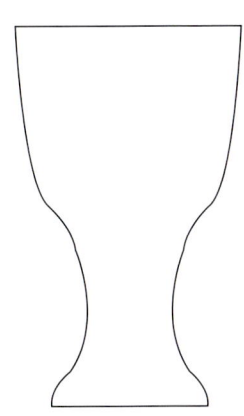 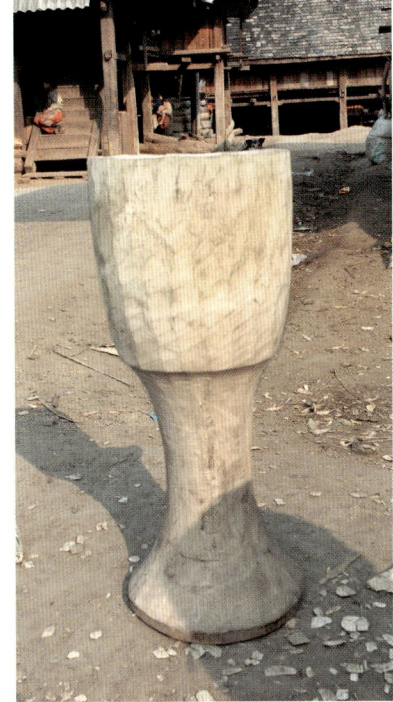

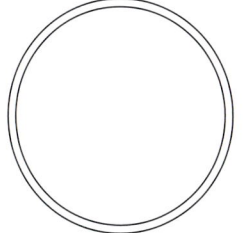

图二　布朗族象腿鼓三视图　　　　　图三　布朗族象腿鼓鼓胚形态图

图四　布朗族象腿鼓桶腔体细节图　　图五　布朗族象腿鼓鼓膜原料图

图六　布朗族象腿鼓鼓体配件图

图七　布朗族象腿鼓加工过程图

图八　布朗族象腿鼓演奏情境图

布朗族竹响器

图一　布朗族竹响器主图

竹响器为布朗族之特色乐器之一，多应用于礼仪节庆场合，常与其他乐器配合使用，形成满足礼仪节庆气氛的声乐效果。响器通体为竹质，由手掌有节奏地拍击响器，引发竹壁间相互撞击，从而形成具有一定韵律的清脆乐音。

竹响器多选用笔直的细毛竹，粗细程度以一手能握住为准，确保良好的手持舒适度和操控性。细毛竹因竹壁较薄而具有良好的弹性效果，以便在手掌轻拍之下便能激发竹材的弹性变形，从而产生碰击以达到乐音效果。竹响器仅在一端留有竹节，以保留一定的密闭腔体空间，形成共鸣腔，类似于音箱效果。在无竹结的一端，将完整的圆环形竹壁对称切削出两处小豁口，从而形成两个分离的对称半圆形竹壁，成为具有碰撞发声作用的撞击点。手掌轻触此端便能引发两面竹壁相互碰撞，发出声响；演奏时通过手掌有节奏地触碰产生出具有韵律的敲击声；此外，在豁口下方，开出一个四角呈圆弧状的长方形空心区域，以增强声波的传递及放大效果。

布朗族人以简约的设计改良便将普通竹材制作成功能型竹乐器。造型体系中融汇了整体性与对称性相结合的形式感；合理地利用了竹材本身的密闭性形成了共鸣腔体，增强了乐音的浑厚感；巧妙地运用竹材的弹性特性，稍做有针对性的切削设计，便有效地强化了竹材的碰击发声效果，并兼带考虑到演奏时操持的适宜性。由此，竹响器的设计充分体现出布朗族人善于用材的设计理念，以及对于传统乐器的深度认知。

图片来源
图一　岩勐　摄影
图二至图七　夏鹏飞　制图

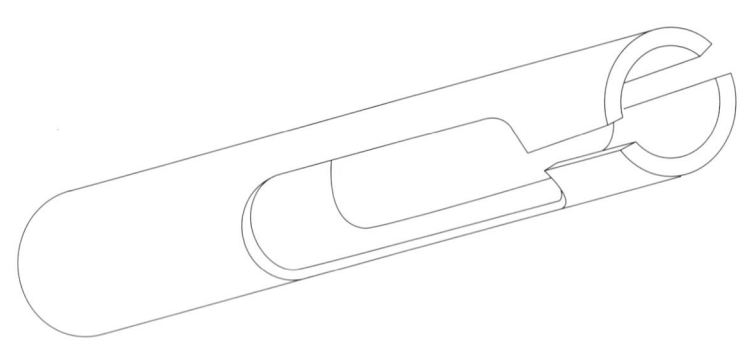

图二　布朗族竹响器线描图

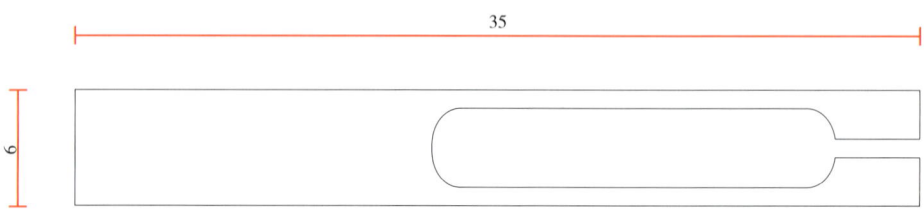

图三　布朗族竹响器尺寸图（单位：cm）

图四　布朗族竹响器切削区域分析图

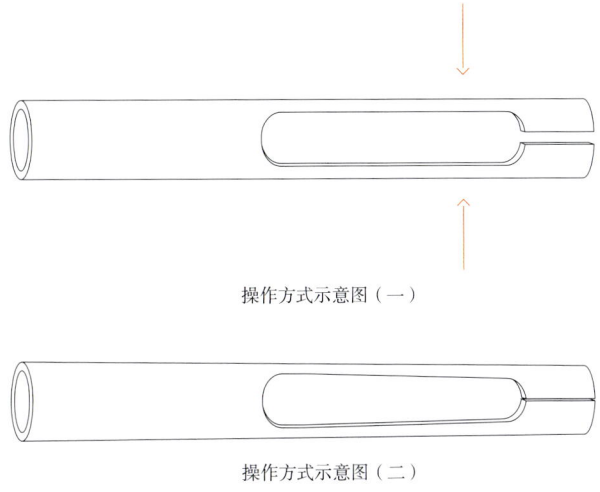

操作方式示意图（一）

操作方式示意图（二）

图五　布朗族竹响器操作方式示意图

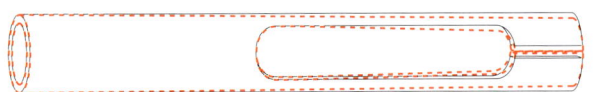

图六　布朗族竹响器敲击振幅示意图

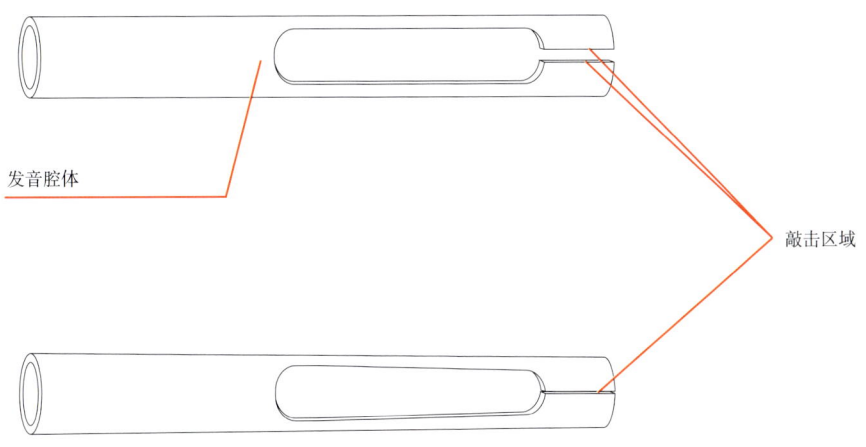

图七　布朗族竹响器发音区域分析示意图

第五章 布朗族传统生产工具

布朗族舂碓

图一　布朗族舂碓主图

春碓是一种以粮食加工为主要功能的原始深加工器物，不仅可将稻谷、苞谷、高粱、小米等原粮，从物理形态加工成米粒或米粉，也可少量加工其他谷物。布朗族人从古至今一直延续着这一古老的制粮方法。

舂碓由舂桶和手碓组成。制作时就地取材选用木料及石材，通过刮削的方式，制成具有凹槽的舂桶。另需配备两根长约2米，宽约50厘米的木棍，木棍的中段切削成适宜双手把持的尺寸，制成手碓。使用过程可描述为：两人分别手持一根手碓，呈固定的运动轨迹上下起落，敲打舂桶中的谷物，利用手碓的重力以及手臂的作用力，通过撞击将粮食捣碎。

布朗族把舂碓与手磨视为兄弟之物，常安放于一处，有"公不离婆，秤不离砣，碓不离磨"的说法。碓由碓坊、碓马和碓臼组成，是一种比较原始的加工工具，石门山区仍有舂碓的遗迹。舂碓的造型完全由其功能性衍生而来，不带任何装饰性元素。每一个部件及细节的设计均从操持实用性考虑，虽从视觉观感上无任何美感，但这恰恰是原始设计的意义之所在。

图片来源

图一 周文林主编.云南少数民族图库.昆明：云南美术出版社，2002

图二至图五 邹茜 制图

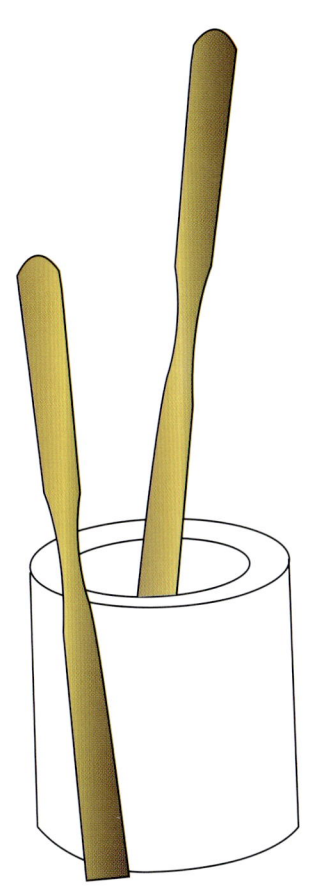

图二 布朗族舂碓线描图

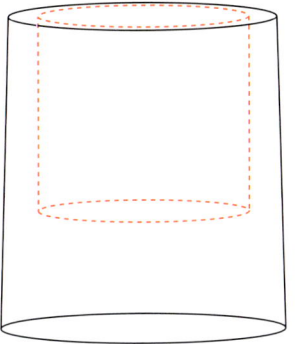

图三 布朗族舂碓舂桶腔体透挖示意图

第五章 布朗族传统生产工具

161

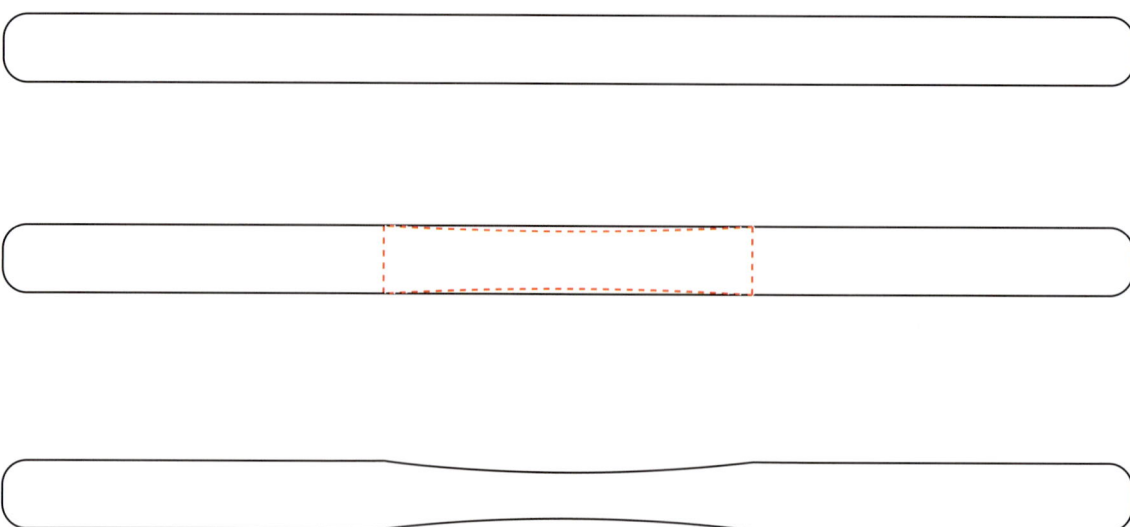

图四 布朗族舂碓手碓形态示意图

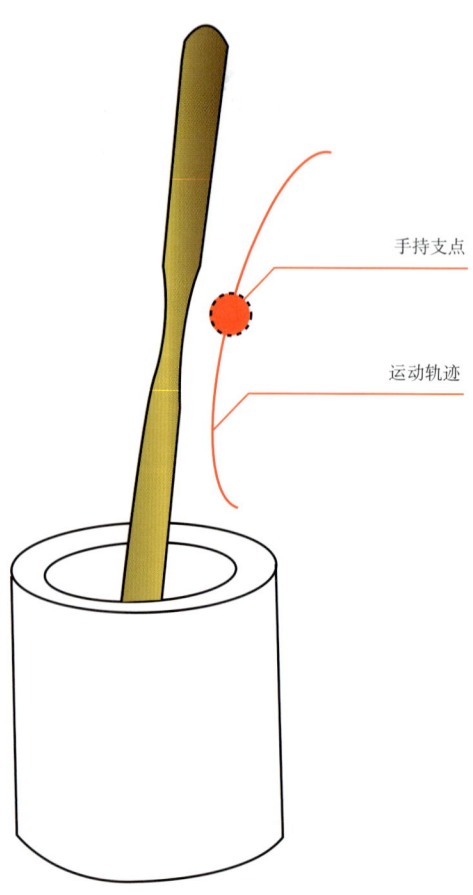

手持支点

运动轨迹

图五 布朗族舂碓操持示意图

布朗族碾米舂

图一 布朗族碾米舂主图

碾米舂是布朗族传统的生产生活工具之一，也是布朗族人平时捣米捣面的重要工具，布朗族人居住在云南山区，古时交通不便，很多方面需要自给自足，布朗族人因地制宜发明了用于捣米的工具。

此案例碾米舂由力臂、舂头、支撑立柱、捣池等四个主要构件组成。力臂主体为圆柱体，由尾部至头部逐渐变粗。尾部为相对较细的圆柱体，便于脚部踩踏，具有较好的灵活性；头部为粗大的圆柱体，增加了自重，以利于舂米时力度的提升。力臂的头部呈90度角垂直隼接了一根圆柱形舂头，舂头的圆柱面较大，增加了食物的接触面，有助于有效地捣碎物品。力臂的中段设有对称放置的两根支撑立柱固定于地面，两立柱间设有圆柱将立柱与力臂插销连接，由此形成杠杆的支点，有效地提升舂米效能，并节省人力。捣池呈现圆柱状，主要用来盛放捣碎物品。整个碾米过程需要两个人来完成，一人站在力臂后端，主要负责踩动力臂，另一人站在捣池边，主要负责翻动捣池里的物品，使物品被均匀捣碎。

碾米舂的设计理念体现出布朗族人在劳动中的聪明才智。既利用杠杆原理来制作工具，又利用了重力学原理巧妙地提升加工效能，从而在减轻劳动强度的同时实现劳动成果的最大化。

图片来源
图一 岩勐 摄影
图二至图四 邹茜 制图

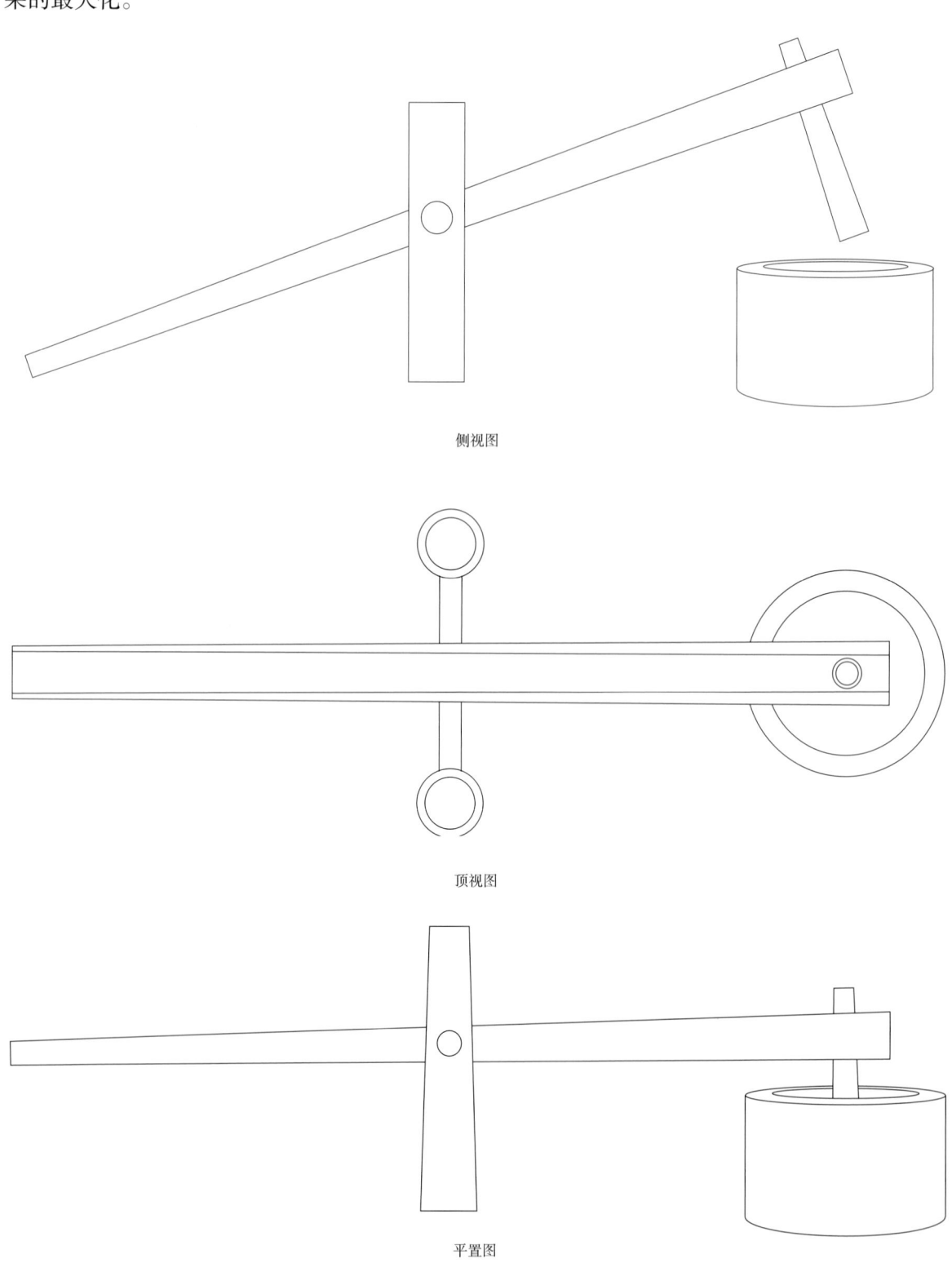

侧视图

顶视图

平置图

图二 布朗族碾米舂三视图

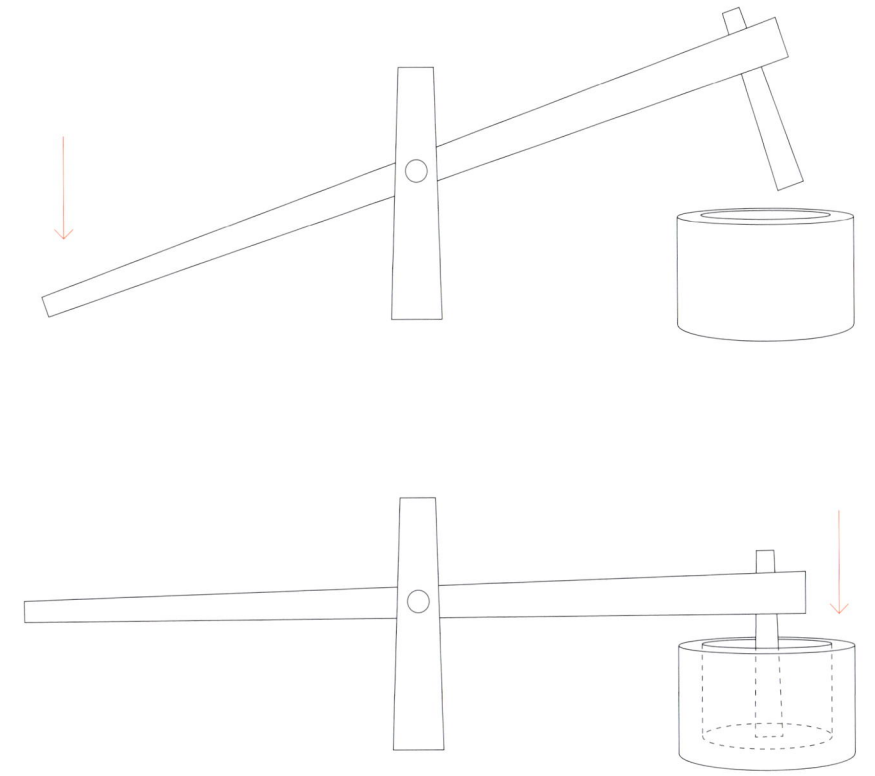

图三 布朗族碾米舂作用原理图

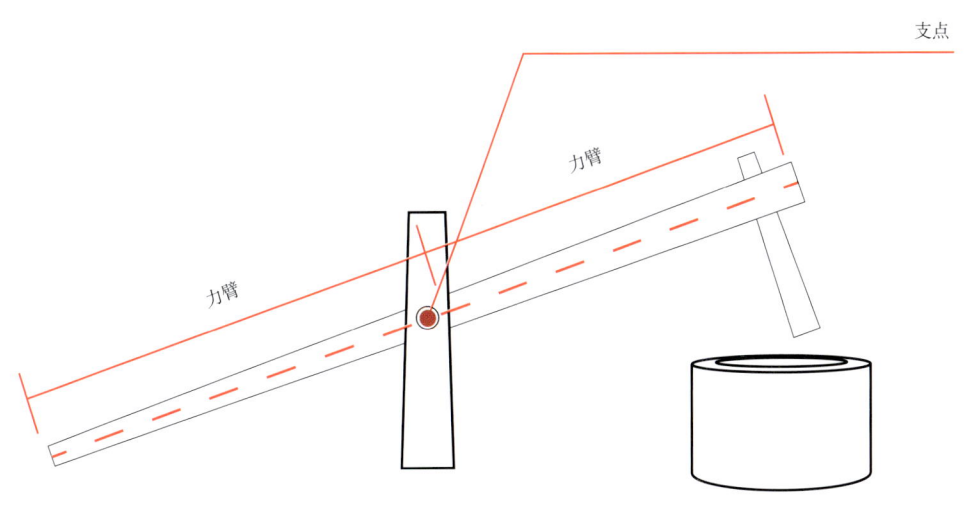

图四 布朗族碾米舂物理力学分析图

布朗族竹舂斗

图一 布朗族竹舂斗主图

竹舂斗是对食物进行初加工的一种原始器物,沿袭了原始石磨盘等加工器物的主要功用。该器对天然食材作捣碎处理,以便人们食用或者烹调。

此案例通体采用竹质,主体由舂斗与杵锤两部分构成。其中,舂斗为两端留有竹节的单段竹材,竹节上端沿竹壁处进行平行切削处理,以呈现出敞口的器型,留存有较大的置物空间。舂捣食物时用力较大,为了确保舂斗的稳固性,舂柄的设置要便于握持固定舂斗,防止其受力错位,因此舂斗外部切削出宽大的梭形舂柄。杵锤整体为圆柱状,中间区域略有收分,两端的圆形接触面可增大与食物的接触面积,并满足两端随意选用的目的,中间处的收腰处理正好符合手掌的抓握,有效提升了把持的适宜度。

竹舂斗的材质选用了较为容易加工的自然材料,构件中用于手掌把持的部分均进行了舒适度的细节处理。在注重功用的同时融入适用性的处理,体现了布朗族人在对生活器物进行加工设计时针对整体与细节穿插考量的设计思维模式。竹舂斗的设计延展了磨碾食物的加工工艺,以极易获取的竹材为造物材料,体现了传统加工技艺的传承及因地制宜的选材思路。布朗族人使用竹舂斗与其喜好食用粗制捣碎食物的生活习惯相互影响。

图片来源
图一 岩勐 摄影
图二至图七 邹茜 制图

图二　布朗族竹舂斗结构名称图

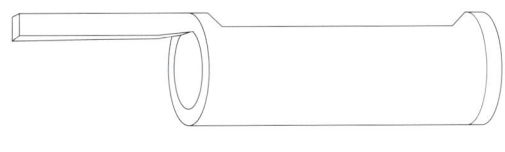

平面示意图

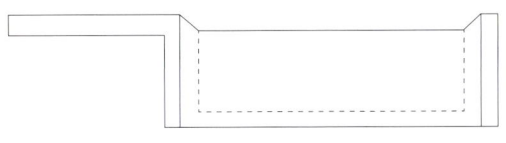

侧面示意图

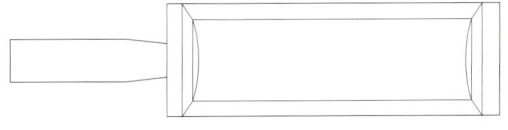

顶面示意图

图三　布朗族竹舂斗三视结构图

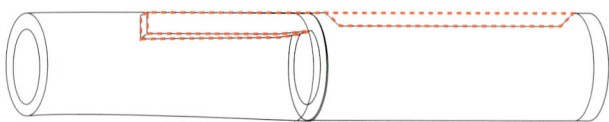

图四　布朗族竹舂斗切削示意图

图五　布朗族竹舂斗切削量度图

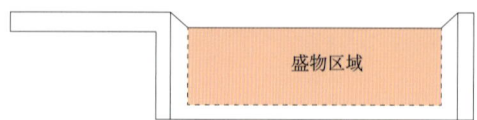

图六　布朗族竹舂斗功能区域分析图

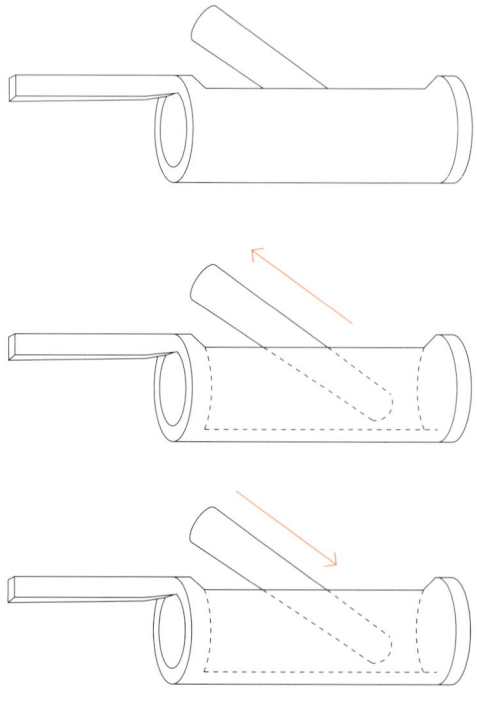

图七　布朗族竹舂斗操持示意图

布朗族腰机

图一　布朗族腰机主图

腰机为现代织布机的始祖，又称"踞织机"。于云南晋宁石寨山遗址中出土的，距今两千多年的纺织贮贝器盖上，铸造了一组女奴隶在奴隶主的监视下席地而织的景象。"腰机"为布朗族人较为传统巧妙的加工设备之一。其工作流程为：织匠用一块熟皮当靠背，操作时全靠腰部与臀部的力量，且需一次次使用腰部力量拉动织机，"腰机"故而得名。

此案例为颇具典型性的腰机，巧妙地将腰机与人体相结合，以完成编织工艺。其结构构件有经轴、综杆、分经棍、打纬刀、卷布轴、腰带等六个部分。编织工艺采用棉线的经纬交接方式，依据布匹的幅宽来确定合理经线数，再将经线一端等距平行固定于经轴之上，在布匹的中段设置有综杆，进一步对经线进行等距分布，卷布轴通过皮质腰带，固定于操作者腰部，以此产生三点定位的形式，将经线的排布稳固下来。综杆的下方设有一根宽而扁的分经棍，用来调节经线的压挑。编织者利用楔形木梭将纬线穿插于经线之中，每穿插一次纬线，便用打纬刀反复压实纬线，以保证纬线与经线间的密实度，确保布匹的整体密实。

腰机的设计沿袭了传统的经纬编织方式，其巧妙之处在于，将操持者与腰机融合为一体。材质的选用则是根据各个部件的功能，采取因用选材的方式进行择选。经过多年的经验积累，形成其精简的结构体系，充分体现出布朗族人对于生产工具求新求变的先进设计思维。

图片来源

图一　周文林主编.云南少数民族图库.昆明：云南美术出版社，2002

图二至图七　夏鹏飞　制图

图二　布朗族腰机线描图

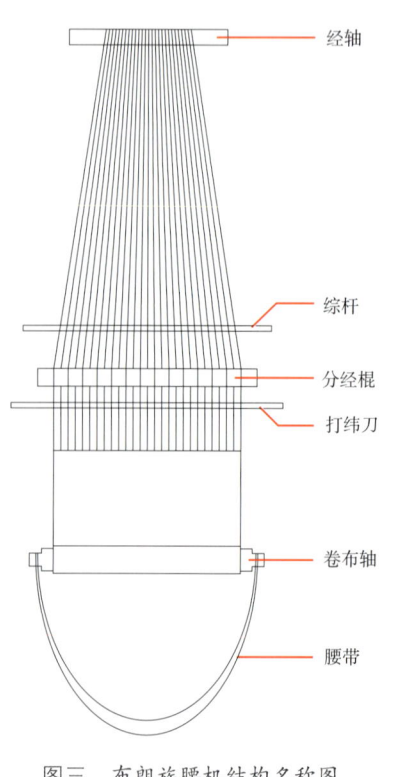

图三　布朗族腰机结构名称图

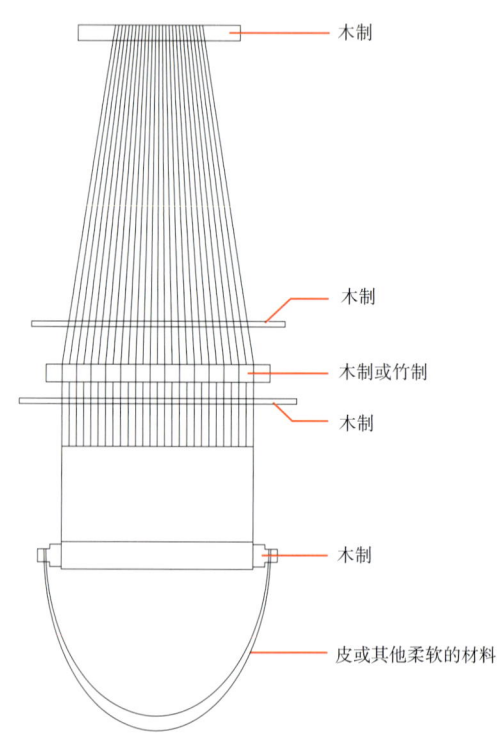

图四　布朗族腰机结构材质分析图

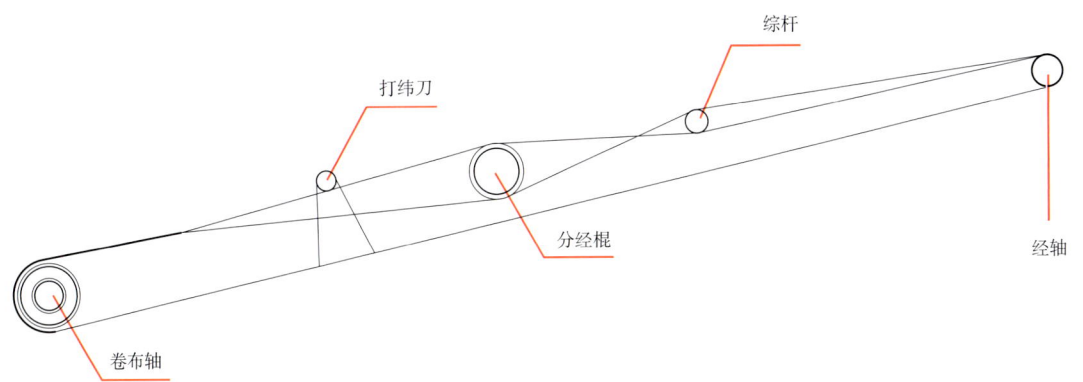

图五 布朗族腰机侧面示意图

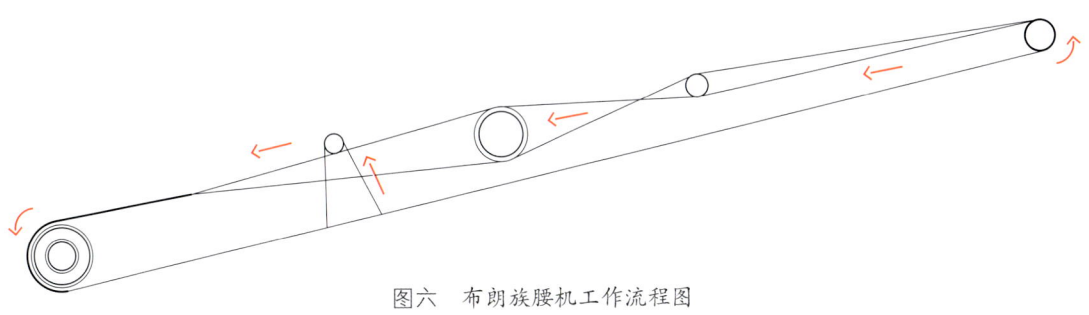

图六 布朗族腰机工作流程图

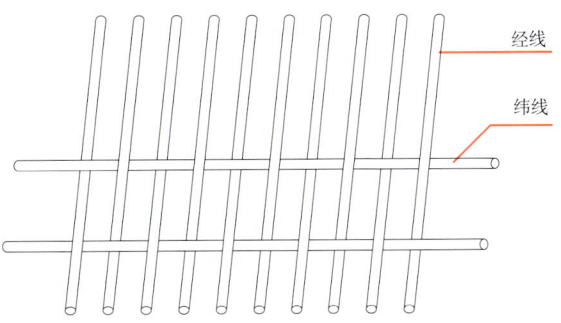

图七 布朗族腰机编织示意图

布朗族纺轮

图一　布朗族纺轮主图

纺轮是一种选用石材与木材作为原材料，经手工制作而成的，造型简单却非常实用的原始纺线工具，是布朗族人纺织工艺中重要的加工器具之一。

纺轮的结构，由石轮和木杆两部分组成。其中石轮为圆柱形，于中心处开有一个贯通的孔洞，其主要作用在于坠重和增加旋转惯性等。木杆通体为纤细的圆柱状，上下两端皆做削尖处理，并将其中一端的末梢，切割成环状卡口，以便绑结植物纤维。其工作原理具备机械属性，纺线流程大体可表述为：先系植物纤维于细木杆的底端，人手带动轮盘形成360°全方位旋转，此时系有纤维的轮盘在自身重力作用下，形成一种惯性旋转附加纵向牵拉的复合力，将杂乱的纤维牵伸拉细。在旋转牵拉的过程中，促使轮盘转动的力也在不断消耗，当力消耗殆尽之后，轮盘便会停顿下来。从工作特点上看，纺纱者可每每借此停顿之机，将捻好的纱线缠绕于轮杆之上，为下一步的持续纺纱奠定基础。如此反复，纺轮就在"转——停——转"的循环动作中完成整个纺纱过程。

纺轮巧妙地借助器物重力自由落体原理完成对植物纤维的整理及拉伸步骤，同时，通过纺轮借助外力施加的旋转惯性，完成了纤维规则缠绕的步骤。纺轮的出现，成为人类纺纱技术史上的一个重要里程碑，简易的工具却融入了多种力学的科学应用，充分体现了布朗族人善于总结劳作经验的伟大智慧。

图片来源
图一、图三至图六　岩勐　摄影
图二　邹茜　制图

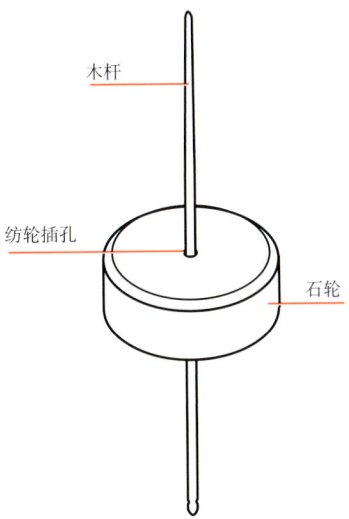

图二　布朗族纺轮结构名称图

图三　布朗族纺织用具图

图四　布朗族纺轮纺线情境图（1）

图五　布朗族纺轮纺线情境图（2）

图六　布朗族纺轮捻线图

布朗族竹捕器

图一 布朗族竹捕器主图

竹捕器是布朗族传统的猎捕工具，通体竹质。布朗族居住在盛产竹子的云南山区，布朗族人对于竹编的技法较为擅长。此器合理地利用了竹材的柔韧性，将其编制成封闭式的框体，用于捕获及关养猎物。

此案例由篮体、篮门、夹扣、提手四部分组成。笼体呈空心圆柱体，底部为倒锥体，采用经纬编织的方式，一挑一压的编制技法，形成了空隙匀称的半封闭篮体，并从底部以放射状的编织顺序，旋转编成圆形的器型。篮体的敞口位置，以竹片交叉成一个类似等边三角形的夹扣，此法不仅具有支撑作用，而且可以确保框体底面与地面或水面，尽可能地平行贴近。而篮门则设计成上小下大的梯形，可实现90°的开合，非常有利于捉捕猎物。另外，还设置有用麻绳编织而成的多股绳索，作为提手，既可方便背戴，又便于提放。

竹捕器的各个功能部件设计均以快速捕捉猎物的目的为准则，体现了功能至上的设计理念。经纬交叉的竹编形式有助于结构紧密，更加结实耐用，朴素的编织技法体现出布朗族人的聪明才智。竹捕器的编织工艺在原料、编织工艺等方面形成了天然、简练的功能特色。整体设计充分地体现出布朗族人源于自然和崇尚功用的设计理念。

图片来源
图一　岩勐　摄影
图二至图七　邹茜　制图

图二　布朗族竹捕器结构名称图

图三　布朗族竹捕器编制方式示意图

图四 布朗族竹捕器夹扣细节图

图五 布朗族竹捕器器体细节图

图六 布朗族竹捕器配件细节图

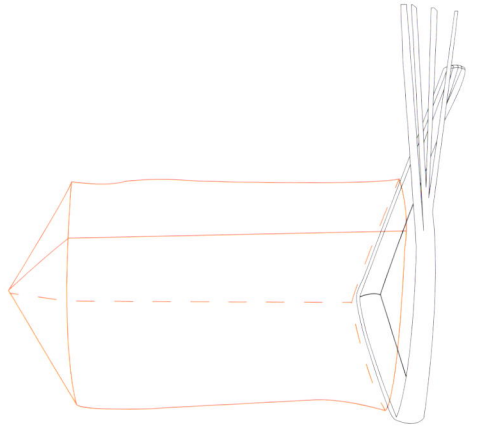
图七 布朗族竹捕器主体承重框架图

第五章 布朗族传统生产工具

布朗族弩

图一　布朗族弩主图

　　弩，作为发射箭矢的远程武器，出现在布朗族人的狩猎活动当中。其在保留"弓"形式特点的基础之上，进行改良与革新，增添了弩臂与弩机等两个重要附件，将"弓"的远程射击功能发挥到了极致。其操作过程可大致分为张弦、装矢与发射等三个步骤。

　　此案例之简易手弩，是由布朗族人制作而成，其结构主要包括两个部分：一是弩臂和弩机，分别承担张弦和发射功能；二是弓架和弓弦，主要承担弹射功能。其中，弩臂作为主体构件，材质选用硬度较大的实木，并依据各个功能部件的装配需求，切削出各种凹口，以备组合。弩机通常选用硬质木块，固定于弩臂之上，依据杠杆原理，作为完成发射动作的触及开关。弓架是由一根左右两端纤细、中段厚实的楔形竹材制成，其纤细的两端可有效提升弓架的弹性；厚实的中段则可增强弓架的强度，有效缓冲弹射时的反作用力；材质的选用更是能发挥竹材特有的弹性应力，强化弩弓的射程及射杀力度。该案例上的弦，是集合多股软性材料，通过扭扎而成一根绳索，能极大提升弓弦的弹性与强度。

　　布朗族弩较之弓箭，其设计特点在于，将射击动作分离开来，有效减少了拉弓所需的力度，减轻了操持者的使用压力。该案例依据其功能实用的需求，完成各个部件的制作，并通过造型的设计，强化了材料的弹性及强度需求，更好地满足了弩的发射条件。在选材上，该案例充分利用各种材质的自然属性以强化各功能构件的效用，体现出设计的本真。

图片来源

图一　岩勐　摄影
图二至图六　夏鹏飞　制图

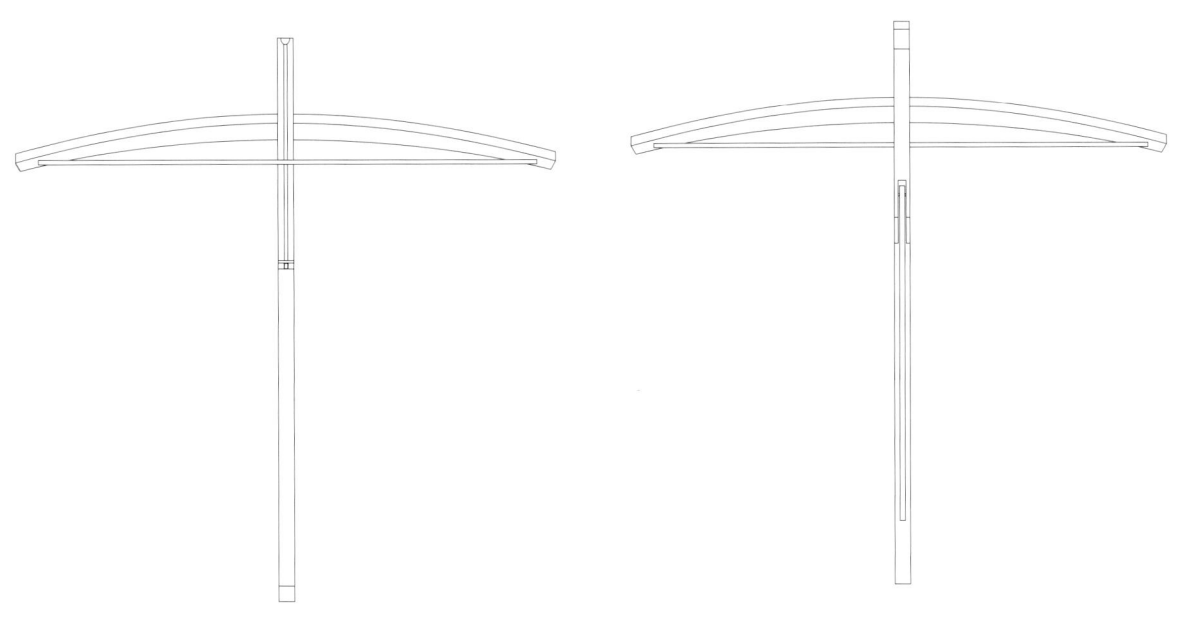

图二　布朗族弩正面结构示意图　　　　　图三　布朗族弩背面结构示意图

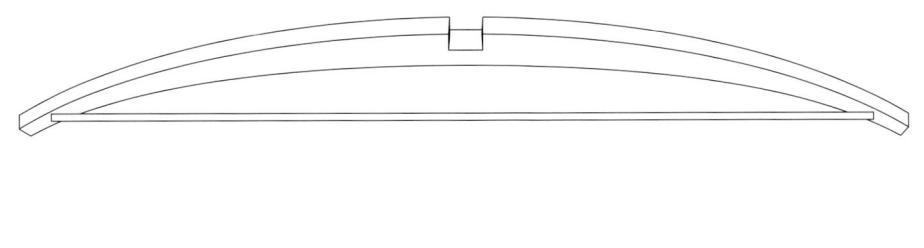

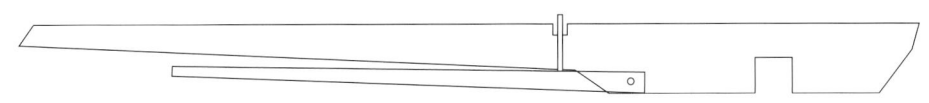

图四　布朗族弩结构拆分示意图

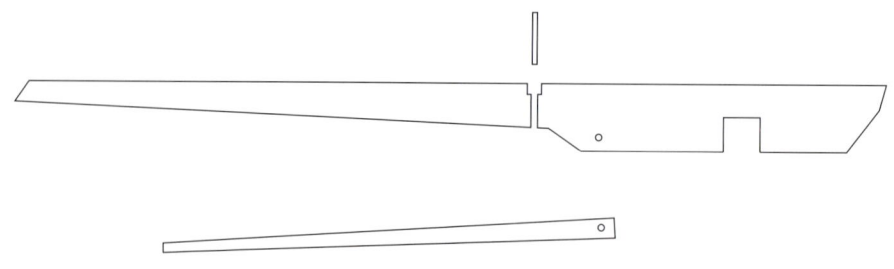

图五 布朗族弩拆分结构示意图

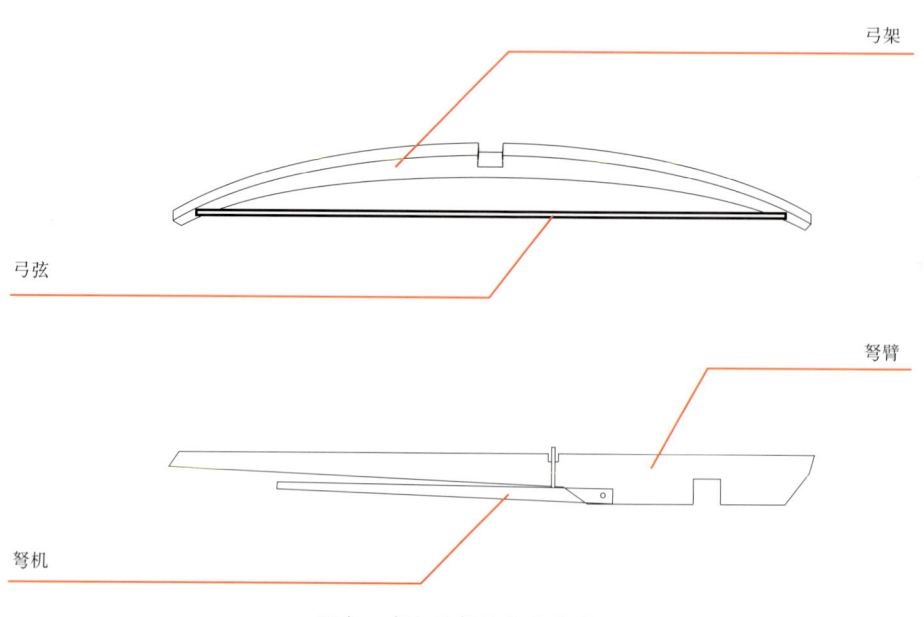

图六 布朗族弩结构名称图

第六章 布朗族传统民俗和宗教造像

布朗族刀术

图一　布朗族刀术主图

　　布朗族刀术对于布朗族人而言，既是一种用刀技法的表演，又是对于刀具祭祀的一种仪式，体现出布朗族人尊崇刀具的一种心态与传承。布朗族人不管是在刀耕火种的传统农作时，还是在原始自然环境的生活中，皆离不开刀具的使用，山林猎捕更是与刀具息息相关。

　　刀术的表演者，主要以族群中的男丁为主，男丁是农耕文化发展的推动者，沿袭了父系氏族社会的传统。表演者多上身赤膊，手持刀具，伴随乐器弹奏出的乐曲旋律，有节奏地舞动身体。刀术表演的肢体形态均来源于生产、生活中的主要动作，仅仅作了一些精炼的简化。

　　刀术的表演十分朴实，男丁与刀具相配合，体现出一种力量之美。表演动作的根源均取自日常的生产动作，体现了布朗族人对于劳作的热爱及敬仰。表演与祭祀活动相结合，体现出布朗族人植根于劳动的意识观。不重表象的刀术仪式，更加体现出布朗族人重在内心的尊崇及天性的解放。

图片来源
图一至图三　岩勐　摄影

图二　布朗族刀术仪式图（1）

图三　布朗族刀术仪式图（2）

布朗族蜂桶鼓舞

图一　布朗族蜂桶鼓舞主图

"蜂桶鼓舞"为布朗族特有的群众性舞蹈，其即兴性质浓重，一般在贺新房之时，男性从火塘边，用被称为"父、母、儿"的三个鼓进行伴奏，男女舞者皆手拉手围绕一圈，跟随音乐节奏，边跳边唱边呼喊，舞者自始至终都是向前一步，身向前俯，退后一步，身微向后仰动，如此循环往复。

"蜂桶鼓舞"的来源有着一个美丽的传说。相传，在混沌初开的远古时代，人类遭受着一场电闪雷鸣、暴雨倾盆的毁灭性灾难，眼看洪水就要毁灭一切。值此生死存亡的紧急关头，一群蜜蜂冒死冲破雷电，上天请求天神拯救人类。天神被蜜蜂的诚意感动，答应下界施救，结果只找到奄奄一息的两兄妹。兄妹俩按照天神的旨意成婚，人类才得以繁衍至今。布朗人的先民为了报答蜜蜂的救命之恩，找来空心的巨木截断做成蜂桶，让蜜蜂住在里面，与自己相依相伴。布朗人还创造了蜂桶鼓舞，以使族人世世代代牢记蜜蜂的这一功勋。

"蜂桶鼓舞"可分为三步与五步两种。演出时，由两名年轻男女，双手各持一条"帕节"（即毛巾），于前跳起"帕节舞"引导，舞蹈动作主要是边跳边甩手巾。其后则是蜂桶鼓队，一般为4~6只，后面紧随2只象脚鼓，再后则是6人敲打的大、中、小芒和镲，最后就是群舞的人们。蜂桶鼓舞的乐器打击节奏明快热烈，动作粗犷、活泼、有力，极具情趣。蜂桶鼓舞体现出布朗族人淳朴智慧的天性，以及团结友爱、互为依靠的生存法则。它不仅是布朗族的风俗习惯，还是人们思想文化的交流载体和方式，并且它也是一个神话的延续，一个存活在布朗山的神话。

图片来源

图一、图三、图四　岩勐　摄影
图二　夏鹏飞　制图

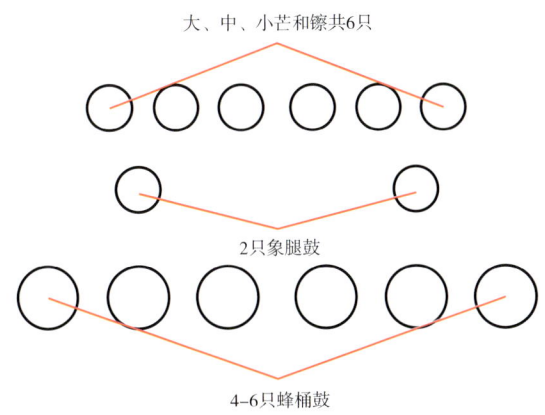

图二　布朗族蜂桶鼓舞布局图

图三　布朗族蜂桶鼓舞乐器组合

图四　布朗族蜂桶鼓舞表演情境图

布朗族花之舞

图一　布朗族花之舞主图

　　舞蹈是各个民族内心情感的重要表达方式，在祈祷、庆贺等大宗礼仪活动中常常出现。此案例之"花之舞"为布朗族人在庆祝活动中的一种组合式舞蹈，因其在舞蹈中融入了花卉、树木等道具而得名。

　　花之舞既是个人情绪的宣泄，也是队列组合的表现。道具以鲜花、树木为主，动作中融入了对花卉、植物的参拜动作，以及祭祀的动作，舞者结合乐器的演奏随兴进行肢体摆动，男女动作配合体现出刚柔并济的特点。在队列组合上，一种是舞者相互错落，形成三角形队列，体现出团结、抵御外敌的攻击型队列；另一种是左右对称的平行队列，体现出庆贺时的欢愉状态，队列组合体现出一张一弛的对比状态。花之舞并不太过拘谨，在保证舞蹈完整性的前提下，更注重舞者无拘无束的情感表达。组合队列有着团结、互动的状态，将对生活的点滴观察，融入到队列表演之中。

　　花之舞体现了布朗族人对于自然的原始崇拜，将日常生活的祭祀、庆祝、欢庆等各种状态融入舞蹈之中，体现了舞蹈源于生活，高于生活的特性，彰显出一种真性情的意蕴。

图片来源

图一至图九　岩勐　摄影

图二 舞蹈中花卉应用

图三 舞蹈队列组合（1）

图四 舞蹈队列组合（2）

第六章 布朗族传统民俗和宗教造像

图五　舞蹈中的祭祀

图六　舞蹈中祭祀动作特写

图七　男女舞者配合特写

图八　男女舞者配合队列

图九　乐器与舞蹈配合队列

布朗族升和尚

图一　布朗族升和尚主图

升和尚的仪式主要源于布朗族受傣族的影响，未成年的男童都要送入佛寺，接受佛教教义的学习和修身养性的锻炼。

升和尚是布朗族男丁一生中最重要的时刻。整个出家仪式持续两天，第一天在自己家中举行，主要有宴客、为孩子沐浴净身和出家教育三项仪式。父母由佛寺求取经书开展求福活动；亲友族人竞相祝贺并赠送祈福物品给男丁，主人家则回赠每个人芭蕉饭、菜、汤等食物表达谢意。沐浴净身活动由孩子的干妈主持，向孩童浇水给予祝福。沐浴完毕，接受族内老人的规劝和最后的拴线祝福。第二天到佛寺受戒，黄袍加身，出家为僧。男丁面朝菩萨塑像，念诵有关经文，表达出家请求，及皈依佛门、潜心佛事的决心。佛寺住持对其训诫，赠送袈裟。

升和尚的仪式仅仅是一种表象的祈福形式。它内在的精神是对布朗族人从小进行佛礼心法的传教，意求培养出修身、行善的本真意识。以佛学修教作为布朗族基础启蒙式的教育体系，从小引导族人形成自我的信仰，并以佛学严格体系化的教义去指导族人的生活及行为，此类做法是引导性的教学模式，由心至行去构建合格、规范的行为体系。20世纪90年代末期，西双版纳佛教协会和教育界对于布朗族男丁出家当小和尚的时间达成了共识：布朗族男丁必须小学毕业才允许申请"升和尚"出家为僧。

图片来源
图一至图四　岩勐　摄影
图五、图六　夏鹏飞　制图

图二　小和尚特写（1）

图三　小和尚特写（2）

图四　老和尚与小和尚

第六章　布朗族传统民俗和宗教造像

图五 小和尚线描图（1）

图六 小和尚线描图（2）

布朗族寺庙铃铛

图一 布朗族寺庙铃铛主图

铃铛为一种经典的敲击乐器。布朗族寺庙中的铃铛，常悬于宝帐及佛堂前椽之上，是和尚于佛前诵经之时所鸣打之一种法器，有着惊觉、欢喜、说法三义。

此案例之铃铛通体木质，材质细腻密实。铃铛的整体造型为对称的形态，上端为山型，雕刻富有吉祥佛意的简易图案。其主体为扁圆体，表面的各个位置厚薄不一，由此敲击各部分，所发出的声频则有所差异，以此产生不同的节奏韵律。

寺庙铃铛的应用是为调和佛教徒诵经时的心境。其整体造型及材质，给人一种清心寡欲的感受，与实质的功用有异曲同工之妙。它的设计要素与佛教的意蕴相互融合，追求的是功能与精神的统一，以质朴、简约而富有内涵的形式，达成其功能的实质需求。

图片来源

图一　岩勐　摄影
图二至图七　夏鹏飞　制图

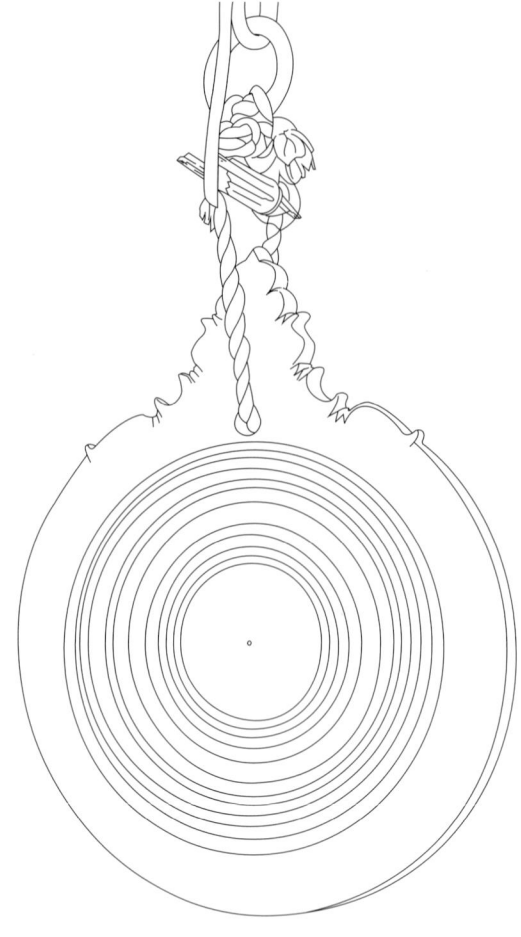

图二　布朗族寺庙铃铛线描图

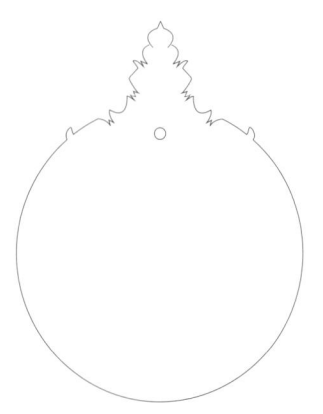 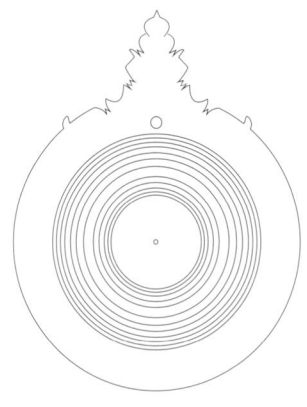

图三　布朗族寺庙铃铛三视图

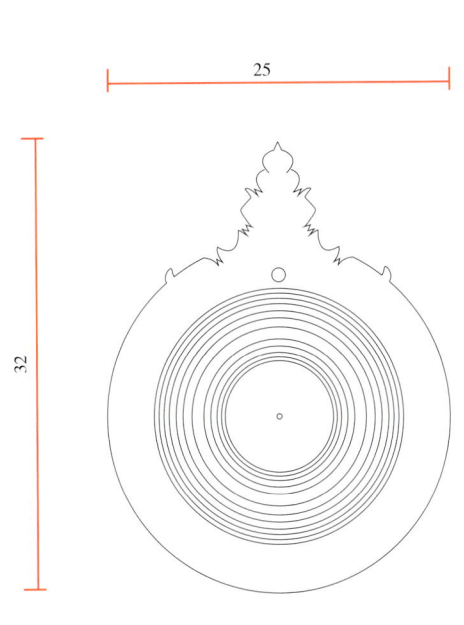

图四 布朗族寺庙铃铛尺寸图（单位：cm）

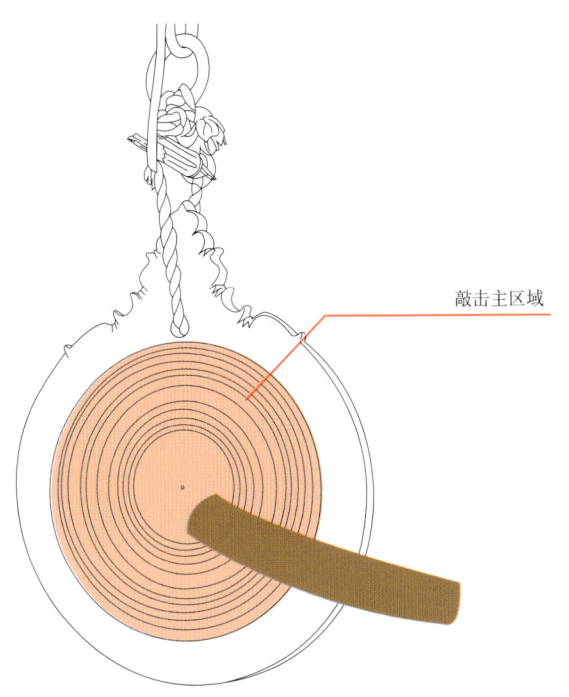

图五 布朗族寺庙铃铛敲击示意图

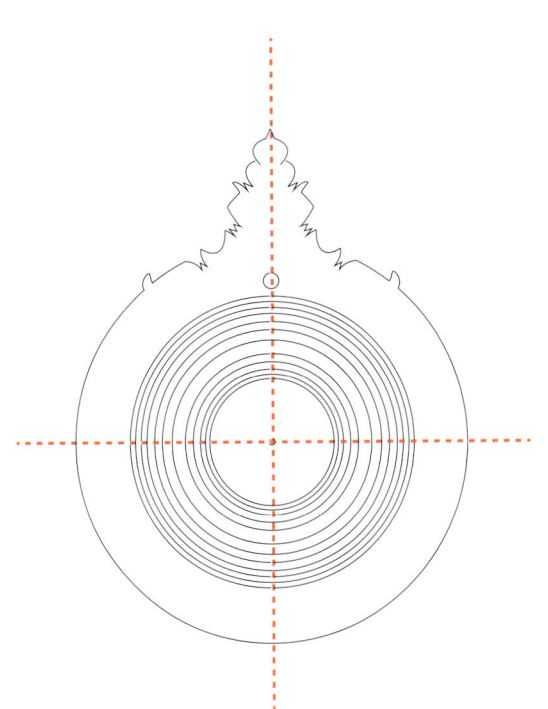

图六 布朗族寺庙铃铛结构形态分析图

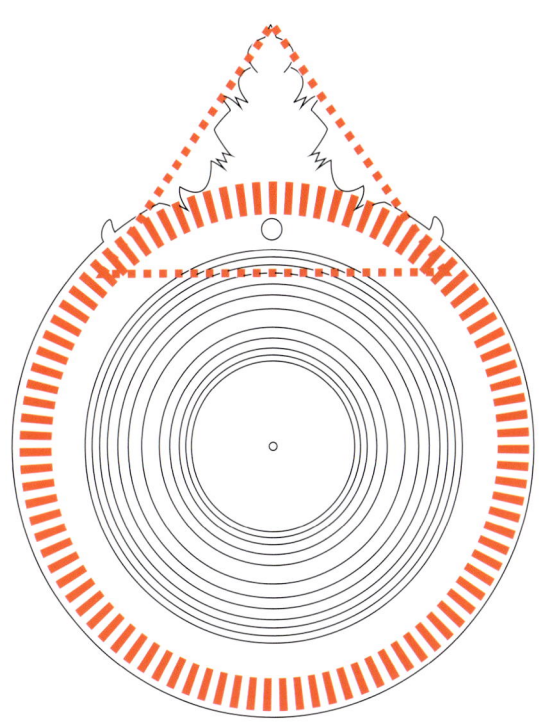

图七 布朗族寺庙铃铛线性分析图

布朗族祈祷仪式

图一　布朗族祈祷仪式主图

　　布朗族祈祷仪式源于其本真的民间信仰，是布朗族重要的祈福仪式。每逢遇到布朗族节庆日、建屋架梁等重大活动，村民们都会举行祭祖、赕佛许愿等活动，以祈求人畜平安、风调雨顺、五谷丰登。通常是以村社为基本单位开展族群祈祷仪式，由布朗族村寨头人兼原始宗教的主持者组织并带领族人统一祈祷，地点为祠堂或佛寺一类的族群公共建筑当中。他们供奉着山神、社神等与其生产生活息息相关的各类神灵。供奉的灵物多以小刀、米、剪刀、蜡条、银器、经书等生活物件为主，祈祷神灵及祖先保佑全氏族的幸福安康。整个祈祷仪式简约但很隆重，族人在主持人的带领下诵经祈福，时而双手合十，时而手持香烛默默祈福，极其富有仪式感，展现出庄严肃穆的氛围。

　　布朗族人的祈祷仪式依然延续着原始而古老的意境，保留着传统文化的延续，影响着族人的思维方式与行为实践，通过润物细无声的方式，将民族文化传递给每位族人，并延传至后代子孙，蕴含着少数民族宗族观念中丰富的、和谐的、非暴力的智慧，力求培养每位族人"人之初，性本善"的心境。

图片来源
图一至图七　岩勐　摄影

图二　布朗族祈祷仪式局部特写图

图三　布朗族祈祷仪式祈福图（1）

图四　布朗族祈祷仪式祈福图（2）

图五　布朗族祈祷仪式祈福图（3）

第六章　布朗族传统民俗和宗教造像

图六　布朗族祈祷仪式祈福图（4）

图七　布朗族祈祷仪式场景

布朗族祭神树

图一　布朗族祭神树主图

祭神树是布朗族人较为重视的祭祀仪式之一。多居于山林地区的布朗族人，在生产生活中善于借助自然植物，并由此对于树木、花卉之类的自然之物十分崇敬，随着认知及崇拜情感的升华，逐步形成了各种祭祀植物的节庆仪式。

祭神树的仪式较为复杂，但其精髓之处在于对树木的虔诚敬仰的情感表达。仪式的流程大体如下：首先，由族中长者或佛教尊者主持整个仪式，选定族中最为古老的树木，在其周围插上具有吉祥寓意的幡旗；其次，邀请当地的佛教徒为树木诵经祈祷，以祈求苍天、神树庇佑村落族群的风调雨顺、吉祥平安；最后，全族人都携带自家的参拜物品，面朝神树进行跪拜祈福。

布朗族人祭祀神树的仪式，充分体现出其丰富的生态观，并将对自然物的认知，提升为一种独具特色的民间信仰，体现了人、自然、文化三者间的互动关系。在历史长河中，布朗族人通过对生态观的认知和祭祀仪式的开展，不断地影响着祖祖辈辈的族人，对后辈有着极强的教育和引导意义。

图片来源
图一至图八　岩勐　摄影

图二　布朗族佛教徒诵经祈福（1）

图三　布朗族佛教徒诵经祈福（2）

图四　布朗族族人祈福（1）

图五　布朗族族人祈福（2）

图六　布朗族族人祈福（3）

图七　布朗族族人祈福（4）

图八　布朗族祭神树吉祥祭品特写

布朗族贝叶经

图一　布朗族贝叶经主图

贝叶经是写在贝叶树叶子上的经文，是布朗族礼佛的一种重要佛经。布朗族有着佛寺内收存贝叶经文的传统。贝叶经中既有源于印度教的理论和故事，又有展现布朗族民间原始信仰的传说。贝叶经汇集了布朗族社会各类文化知识和思想观念。

贝叶经的制作分为取叶、制匣、刻写三大步骤。取叶：先从贝叶树上摘取叶片，再用利刀修割整齐，三五片卷为一卷捆好，放入锅中用水煮，煮时加酸角或柠檬水以杀青去皮。一般要煮半天，贝叶颜色淡绿泛白以后取出，再用细河沙将其表面磨光，压平风干。通过以上操作，贝叶可防虫蛀，利于长久保存。制匣：以统一制式的木匣为标准，将贝叶的长宽尺寸修剪整齐，每片贝叶用墨线轻轻打下竖版线格，利于刻写规整。一般将五六百片贝叶紧紧夹在两片木匣中间订为一匣，上下两端开孔用线绳固定。刻写：用刀在贝叶上刻抄经文，其过程又慢又费力。刻好后用植物果油调和锅底的黑烟，擦涂于贝叶上，再用湿布擦拭一遍，贝叶上的经文字迹就清晰可见了。

古老的时代，族人利用贝叶为载体，刻抄经文，既体现了应用自然物体的智慧，又表明了对佛经延传于世的敬畏。贝叶经的制作工序严谨，慢而费力，族人在此过程中，可以静心、用功，磨练意志，感悟经文，而生向善之心。

图片来源
图一、图二　岩勐　摄影

图二　布朗族贝叶经使用情境图

声　明

　　本书编写时收入的个别图片，因条件所限，未能同相关著作权人取得联系，获得授权，敬请谅解。请相关著作权人及时与编者联系，以便奉上稿酬。谢谢！